日本人の勝算

人口減少×高齢化×資本主義

小西美術工藝社社長
デービッド・アトキンソン

東洋経済新報社

はじめに　日本人の勝算

日本には今、大きなパラダイムシフトが訪れています。

パラダイムとは、ある時期、ある集団の中で、常識として認識されている「思考の枠組み」を意味しています。一方、シフトという英語には、変える、移すなどの意味があります。

パラダイムが変わる、つまり、それまで常識と認識されていたさまざまな事柄が、大きく移り変わること、これがパラダイムシフトです。


パラダイムシフトが起きると、それまでのやり方がまるで通じなくなります。当たり前だと考えられていた前提条件が大きく変わってしまうので、対処の方法も大きく変えなくてはいけなくなるからです。

日本で今まさに起きているパラダイムシフトの原因は、人口減少と高齢化です。日本では、これから、人類史上いまだかつてない急激なスピードと規模で、人口減少と高齢化が進みます。

人口が右肩上がりで増えるというパラダイムが、右肩下がりに減るというパラダイムにシフトしたのです。

これまで当たり前だと認識されてきたことが、すべて当たり前ではなくなります。日本は大きなターニングポイントに立たされているのです。

このままでは日本に「勝算」はない

これまでの著書でも再三にわたって警鐘を鳴らしてきましたが、人口減少と高齢化が進む日本には大変厳しい未来が待ち構えています。これは脅しでもなんでもなく、人口動態などのデータを冷静かつ客観的に分析すれば見えてくる、ほぼ確実な日本の未来です。

今すぐにでも対応を始めないと、日本は近い将来、三流先進国に成り下がることは確実です。いや、下手をすると、日本は三流先進国どころか途上国に転落する危険すらあるのです。

しかし日本国内の議論を聞いていると、あたかも今までの仕組みを微調整して対応すればなんとかなるという、その場しのぎで実に甘い、のほほんとした印象しか伝わってきません。嵐が目の前に迫ってきているというのに、危機感はまったくといっていいほど感じられません。

安倍晋三首相は、２０１９年の10月に消費税を８％から10％に引き上げると宣言しました。それはそれで必要なことかもしれませんが、消費税率の引き上げなど、小手先の微調整の典型です。

消費税の引き上げに関して、「社会保障の負担が重く、税収を増やさなくてはいけない。そのためには、税率を上げる必要がある」という説明がされています。しかし、この理屈は固定観念に囚われた、非常に次元の低い理屈にしか、私の目には映りません。

なぜかというと、日本の社会保障制度の問題は、究極において税率以前の問題だからです。日本の税収が少ないのは、日本人の所得が先進国最低水準で、それに伴って消費が少ないからです。

たしかに、日本の消費税の税率が他の先進国に比べて低いのは事実です。しかし、そもそも消費税の課税対象となる消費、そしてそれを増やすために不可欠な日本人の所得をいかにして上げるかが、この問題の根本の議論であるべきです。それに比べたらたった2％の税率の引き上げなど、些末な話でしかありません。大きなパラダイムシフトが起きている以上、今までにない、もっと根本的かつ大胆な政策が求められているのです。

必要なのは「これまでの常識に囚われない」考え方

今求められているのは、「これまでの常識」から距離を取り、前提条件に囚われずに解決策を見出す思考です。日本の大学のあり方を例に考えてみましょう。

ご存じの通り、日本ではすでに少子化が始まり、子どもの数が年々減っています。１９５０年に全人口の55％もいた24歳以下の人口は、２０３０年には18％まで低下します。

人口の55％が24歳以下だった時代、大学教育の対象が若い人だけだったことは、大学の経営戦略としても、国家の教育のあり方としても、理に適っていました。しかしその数が18％にまで減少する以上、大学のあり方そのものを転換しなければなりません。国民の55％を対象としていた時代の延長線上で、国民の18％の教育をどうするかを議論するべきではありません。国民の82％をどう教育するかが課題となっているのです。

「人生１００年時代」と言われる中、刻一刻と変化するこれからの世の中で、何十年も前に学校で学んだ知識や一個人の経験から得られた知見だけで、物事に適切に対処していけるとは思えません。この観点からも、25歳以上の成人の再教育は間違いなく必要になるのです。その際には、大学が大きな役割を担うべきです。

しかし今、各大学はすでに少なくなってしまった子どもたちの奪い合いを、血まなこで繰り広げています。これこそ、今までの枠組みに囚われ、固定観念に染まっている証拠です。

これは大学に限った話ではありません。あらゆる場面で、これまでの固定観念に囚われない、新たな解決策を見つける必要があるのです。

日本人の勝算は「外の目」でこそ見出せる

平常時であれば、日本の状況に最も詳しい日本人こそ、何をすべきかの答えを見出すことができます。その場合、何も国外の知見や力を借りる必要はありません。

しかし、日本は今、大変革の時代を迎えています。もはや平常時ではありません。皮肉なことに、大変革が起きると、それまでの仕組みや枠組みに詳しければ詳しいほど、固定観念に囚われてしまい、新たな発想を生み出すことができなくなります。これは何も日本にかぎった話ではなく、世界中の国々に共通して見られる傾向です。

だからこそ、大きな変革が訪れるときは、国外の知見や力を借りることの重要性が増すのです。

本書の執筆にあたり、日本経済を経済事情ごとのパーツに分けて、そのパーツを研究している海外のエコノミストの論文を探しました。最終的には118人の外国人エコノミストの論文やレポートに目を通しました。正に目から鱗が落ちる経験の連続で、読む前とはまったく違う世界が見えてきました。

それらの分析結果を日本の事情に当てはめて、人口減少・高齢化の影響を検証しました。また、この歴史的なターニングポイントにある日本経済を、維持・成長させるためにどうすればいいかについても、数々の分析結果をもとに考察しました。

その結果、人口減少・高齢化がもたらすパラダイムシフトに打ち勝ち、日本が再び一流先進国の地位を確かなものにできる「日本人の勝算」が見えてきました。本書ではそれらをあますところなく、ご紹介していきたいと思います。

私は17歳のときに、この日本という国と運命を共にすることを決意しました。拠点を日本に移してから、すでに30年の月日が流れました。

この30年間、日本で起きたさまざまな出来事を目の当たりにしてきました。日本経済の低迷、それに伴う子どもの貧困、地方の疲弊、文化の衰退——見るに堪えなかったというのが、正直な気持ちです。

厚かましいと言われても、大好きな日本を何とかしたい。これが私の偽らざる本心で、本書に込めた願いです。

これからの日本をどうするか。この本をきっかけに、これまでの議論とは「パラダイム」の異なる観点からの、建設的かつ活発な議論が進み、状況が大きく改善の方向に向かうことを願ってやみません。

平成最後の師走、京都の町屋にて

デービッド・アトキンソン

【目次】

第1章

人口減少を直視せよ
——今という「最後のチャンス」を逃すな

第2章

資本主義をアップデートせよ

――「高付加価値・高所得経済」への転換

第3章

海外市場を目指せ

――日本は「輸出できるもの」の宝庫だ

第4章

企業規模を拡大せよ
──「日本人の底力」は大企業でこそ生きる

第5章

最低賃金を引き上げよ

――「正当な評価」は人を動かす

第6章

生産性を高めよ
——日本は「賃上げショック」で生まれ変わる

第7章

人材育成トレーニングを「強制」せよ

──「大人の学び」は制度で増やせる

第1章

人口減少を直視せよ

——今という「最後のチャンス」を逃すな

PARADIGM SHIFT 1

デフレ圧力の常態化

人口減少と高齢化によって日本経済のデフレ圧力はこれからいよいよ本格化し、常態化する。金融政策だけでは対処できない。必要なのは「賃上げ」によるインフレ誘導策だ。

日本経済はバブル崩壊後の金融危機を経て、デフレに突入しました。いまだデフレを脱することができず苦しんでいるのは、ご存じのとおりです。当初「失われた10年」と言われていたデフレは20年経っても解消せず、今や「失われた30年」になろうとしています。

2012年末に発足した第2次安倍晋三内閣は「デフレ脱却」を政策の柱に掲げ、俗にアベノミクスと呼ばれる経済政策を実施しました。具体的には、デフレを克服するため、インフレターゲットを設け、その目標を達成するまで大胆な金融緩和を講じるというものでした。

実際、安倍首相により任命された黒田東彦第31代日銀総裁により、2％のインフレ目標が設定され、過去にない大規模な金融緩和（黒田バズーカ）が行われました。

当時は政府も、これにより日本経済をデフレから脱却させ、インフレに持っていけると考えたことでしょう。

しかし、実際にはその後、2度にわたり追加緩和が実施されたものの、物価上昇率は目標の2％には届きませんでした。黒田総裁による最初の金融緩和が実行されてから5年もの月日が経った今にいたっても、デフレ脱却宣言が出せない状態が続いています。

図表1-1　人口減少と高齢化によるデフレ圧力

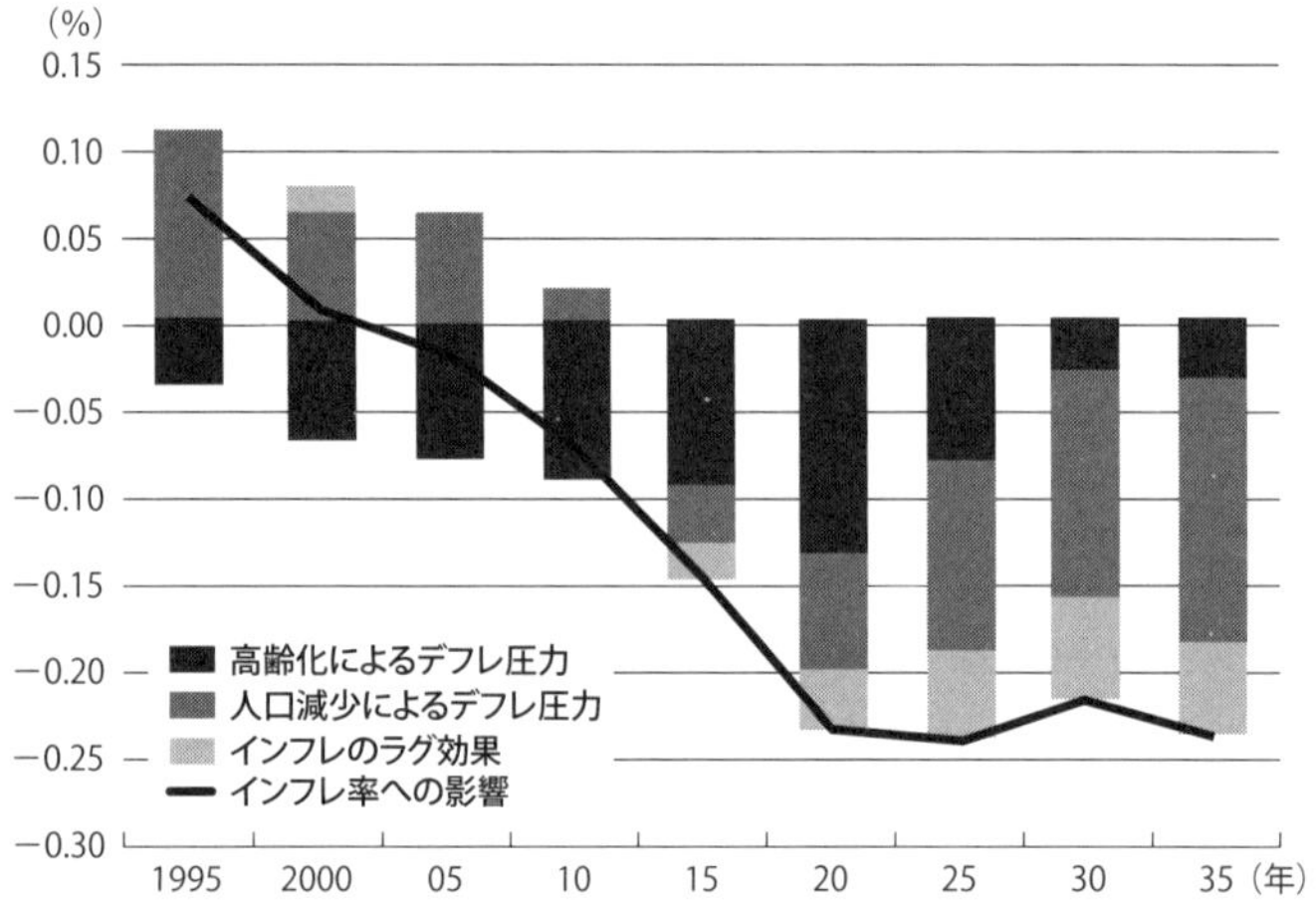

出所：IMF

たしかにアベノミクスによって、行き過ぎた円高が是正され、株価も大幅に上昇しました。また、日本企業の中には過去最高の利益を稼ぎ出すところも少なくありません。やらないよりもやったほうがよかったのは明らかです。一見すると、アベノミクスによって日本経済は快方に向かっているように映ります。

しかし、今の状態は一時的に成果が出ている踊り場のようなものです。私は、経済政策を大きく変えなければ、今後これまで以上に深刻なデフレが襲ってくると分析しています。

ＩＭＦも同じような分析をしています。図表1-1にあるように、ＩＭＦはデフレ圧力がこれから本番を迎えると分析しているのです。

これから高齢化によるデフレ圧力が高まり、2020年以降にピークを迎えます。2020年以降は人口減少によるデフレ圧力がますます深刻化します。デフレスパイラルが訪れる可能性が高いのです。

まず「最悪のシナリオ」を想定して事前対応しよう

あらかじめお断りしておきますが、私がこれから説明するデフレシナリオは「最悪のシナリオ」です。なぜ最悪のシナリオを想定する必要があるのか、それには2つの意味があります。

1つは対策を打たずにそのまま放置した場合、どんな事態になるのか、その最悪のケースを認識してもらうことによって、政策を変えないといけないことを強く訴えること。

もう1つは、起こりうる経済の変化を想定し、政策をどう変えるべきかを考えるきっかけにすることです。

私は日本に暮らし始めて30年になります。その間、日本ではいろいろなことが起こりました。阪神・淡路大震災、東日本大震災とそれにともなう福島の原発事故、1つずつ挙げていったらキリがないほど、たくさんの災害が起きました。経済でも、バブル崩壊、金融危機、過度な円高、デフレと、こちらもさまざまな問題が起きました。

これらの災害や問題が起きるたびに、日本は事後対応が多く、起こりうる災害や問題を想定した事前の対応が手薄いように感じてきました。

ここ数年、異常気象が続き、さまざまな自然災害が起きて、毎年多くの方が犠牲になっています。明らかに気候変動が進行してしまっているのですが、それにともなって起こりうる事態を想定した事前の対策が十分にとられているようには思えません。「想定外」と言われる何かが起きてから、慌てて対応しているようにしか、私の目には映らないのです。

一方、多くの場合、日本での事後対応は素晴らしく、いったん動き出せば、誰もが想定していないくらい上手に対応することが多いのも確かです。私がまだ若かったときに起きたバブル崩壊とその後の金融危機への対応は、まさにその典型例でした。

動き出すまでは10年近くかかりましたが、「金融再生トータルプラン」をもって徹底的に対策を打ったところ、誰の想定よりも早い約3年で金融システムは回復しました。当初、金融システムが回復するまで10年かかると言われており、5年と想定していた私は周りから楽観的すぎると言われていたのです。しかし、実際には私の予想よりもさらに短い期間で回復しました。本当に素晴らしい回復力でした。

先ほど述べたように、今ここで政策を大きく転換しないと、日本はこれまで以上に深刻なデフレの世界へ突入します。最大斜度の急降下は目の前に迫っているのです。今回こそ「事前の対応」が求められるのです。

ここで、いつものように事前の策を打たず放置してしまうと、日本はジェットコースターのような急降下を「楽しむ」ことしかできなくなります。ここで踏み止まるか、「なるようになる」と開き直って落ちるところまで落ちる恐怖体験を味わうか。日本に残された道は、そのどちらかなのです。

最新の研究では、日本の「デフレリスク」は最強：需要要因

「はじめに」でも触れたとおり、本書は、今までの私の本とは違うやり方で書いていこうと思います。

今までは主に私自身の分析を紹介してきましたが、今回は日本の経済事情を細かいパーツに分け、そのパーツに関する海外の論文を探して、その分析をもとに日本経済を検証しました。この本では、多くの論文を紹介しながら、論点を展開していきます。

なぜ細かいパーツに分ける必要があったか。最大の理由は、日本経済は「人口減少」という独特の問題を抱えているからです。日本のように大幅な人口減少に直面していない海外で実施されている従来型の経済政策をそのまま参考にしても、日本では通用しません。日本と同じような問題を抱えている先進国はありませんので、そのまま日本に使える答えは海外にはないのです。

しかし、最新の海外の経済分析をパーツごとに拾って、そのパーツを日本の事情に当てはめていけば、一定の示唆が得られるはずです。さらに、海外で分析されているパーツの組み合わせによって、日本経済に合った政策を考えることができるでしょう。

今回は本書のために海外の論文をたくさん読みました。文系の色が強い日本の経済学と違い、海外の経済学は完全な「理系」です。その分析の量、議論の活発さ、分析の細かさに感激して、大変勉強になりました。ぜひそれらの分析をご紹介したいとも思い、この本を書くことにしました。

すでに述べたように、一見、快方に向かっているように見える日本経済ですが、実はこれまでとは比較にならない規模の、大デフレの時代が目の前に迫ってきています。では、なぜこれから、デフレの最大急降下が始まるか。ここから考えていきましょう。

日本がこれから体験する急降下の需要サイドの要因は、2つあります。1つは高齢化、もう1つは言うまでもなく人口の激減です。

日本だけではなく、世界的に見ても、人類は高齢化に向かっています。そのため、海外の有名大学や各国政府も、高齢化の影響を熱心に分析しています。政策や社会をどう変えて対応していくべきか、次第に議論が活発になってきていますし、論文も多数発表されています。

しかし日本の場合、高齢化よりさらに重要な人口の急減少という問題を同時に抱えてしまっています。この点に関しては、日本は世界の中で孤立している状況です。なぜなら、ほとんどの先進国では人口が減少しないからです。

世界全体では、2060年までに人口が36・1％増加すると予測されています。欧米全体で見ると、少子高齢化は進んでも、人口は減りません。「欧州の中には、人口が減少する国もある」と反論される方もいるかもしれませんが、日本とは規模がまるで違います（図表1–2）。

アメリカは2060年までに、人口が25・2％増えます。日本を除くG7は14・9％増です。韓国も日本と同じように人口が減って大変だとよく言われていますが、それでも5・6％減です。一方の日本は32・1％減で、まったく次元が違います。

本来であれば日本の研究者は、人口減少と経済について世界でもっとも先端的な研究をしているべきなのですが、私にはそうは見えません。

図表**1-2**　**極端に大きい日本の人口減少**

国名	人口（千人）		
	2016年	2060年	増減率（%）
アメリカ	322,180	403,504	25.2
中国	1,403,500	1,276,757	−9.0
日本	**127,749**	**86,737**	**−32.1**
ドイツ	81,915	71,391	−12.8
イギリス	65,789	77,255	17.4
フランス	64,721	72,061	11.3
インド	1,324,171	1,745,182	31.8
イタリア	59,430	54,387	−8.5
ブラジル	207,653	236,014	13.7
カナダ	36,290	45,534	25.5
韓国	50,792	47,926	−5.6
ロシア	143,965	124,604	−13.4
オーストラリア	24,126	35,780	48.3
スペイン	46,348	43,114	−7.0
メキシコ	127,540	166,111	30.2
世界	7,466,964	10,165,231	36.1
G7	758,074	810,869	7.0
日本を除くG7	630,325	724,132	14.9

出所：国連データより筆者作成、2016年のGDPランキング順

では、海外の研究者はどうでしょうか。先進国の学者は高齢化の影響をメインに分析しています。そこで導かれた結論は、日本でも政策を考える際に参考にできるでしょう。しかし世界のエコノミストは、自国の経済に人口減少問題を抱えていません。ですから人口減少の分析はきわめて少ないですし、当然その意識も低く、対策も提案されてはいません。

つまり、世界のエコノミストに意見を求めても、その人口動向の違いを事前に詳しく伝えないかぎり、日本固有の問題に対する有効な答えを導き出すことはできないのです。「日本は少子高齢化と人口減少問題を同時に考えなくてはいけない、唯一の先進国である」。これが重要なポイントです。

海外の分析をまとめると、人口減少はそれだけで強烈なデフレ要因です。少子高齢化は人口減少によるデフレに拍車をかけ、さらにデフレを深刻化させます。そうしてデフレは雪だるま式に膨らんでいき、どんどん深刻化していきます。

いったんこの負のスパイラルが始まってしまうと、そう簡単に止めることはできなくなるのです。

①人口減少は最強のデフレ圧力

日本経済のデフレリスクの主因は人口減少にあります。

ＩＭＦが２０１４年11月に発表した「Impact of Demographic Changes on Inflation and the Macroeconomy」では、人口増加はインフレ率を大きく引き上げると断言して、そのデータを公表しています。逆に、人口が減ると当然、デフレ圧力がかかるという理屈が成立します。高齢者の割合の増加と寿命の長期化も、インフレ率の低下につながっていると分析しています。

人口動向とインフレ率は、主に不動産の価格から発生するメカニズムによって結びついています。２０１７年にMoody's Analyticsが発表した「人口増加とインフレ」というタイトルの論文があります。この論文では、人口の増減は「不動産価格」を通じてインフレ率に影響を与えると考え、世界27カ国、１９６２年から２０１５年のデータを検証し、その関係を探っています。

人口が減ると経済全体の物価にどう影響を及ぼすか、そのメカニズムは複雑です。この論文でも、影響の出方次第で、インフレ要因にもデフレ要因にもなりうると指摘されています。たとえば、人口が減ると総需要が減るのでデフレ要因になると考えることもできます。逆に、人手が減り、給料が上がれば、インフレ要因になるとも考えられます。

しかし、不動産は規制や物理的な制限などがあって、そう簡単に供給は増加しません。なので、人口が増えると不動産価格が上がりやすく、全体の物価を押し上げる主因となるという考え方が、先の論文では紹介されています。

この論文には、さらに重要な分析結果が紹介されています。それは、人口とインフレが非線形的な関係にあることです。簡単に言うと、人口増加によるインフレ圧力より、人口減少によるデフレ圧力のほうが倍くらい大きいということです。特に22〜44歳までの人口動向による影響がもっとも大きいとあります。

人口が増え需要が増えると、不動産価格が上がりやすくなりますが、しばらくすると新しくビルや家が作られ、供給が増えるので、インフレ圧力は一部緩和されます。一方で、人口が減り始めて需要が減っても、不動産のストックはそう簡単には減らないため、デフレ圧力は緩和されません。だから、人口減少によるデフレ圧力は人口増加によるインフレ圧力より強いと分析されています。

つまり、不動産ストックはなかなか減らないので、人口減少が始まると不動産の価格が下がり、物価全体に与える影響が増大すると考えられるのです。

ＩＭＦも、人口動向と地価の関係について研究しています。２０１６年に発表された「The

Impact of Demographics on Productivity and Inflation in Japan」では、日本の県別地価動向と人口動向にきわめて強い関係があると分析しています。

これらの指摘を素直に受け入れ、日本経済の今後を考えると、答えは火を見るより明らかです。日本ではこれから本格的に人口が減るので、対策を打たなければ、不動産部門から強烈なデフレ圧力を受けることは必至なのです。

②少子高齢化によるデフレ圧力

次に少子高齢化の影響を考えてみましょう。

最近、海外では、少子高齢化とインフレの関係についての分析が盛んに行われています。とくに世界的にインフレ率が下がっているので、その原因を少子高齢化に求めている学者が多いのです。

少子高齢化に関する研究を総括すると、４つの結論が見えてきます。

・子どもが増えるのはインフレ要因、減るのはデフレ要因
・生産年齢人口が増えるのはデフレ要因、減るのはインフレ要因

図表**1-3**　年代別の人口が与えるデフレ圧力

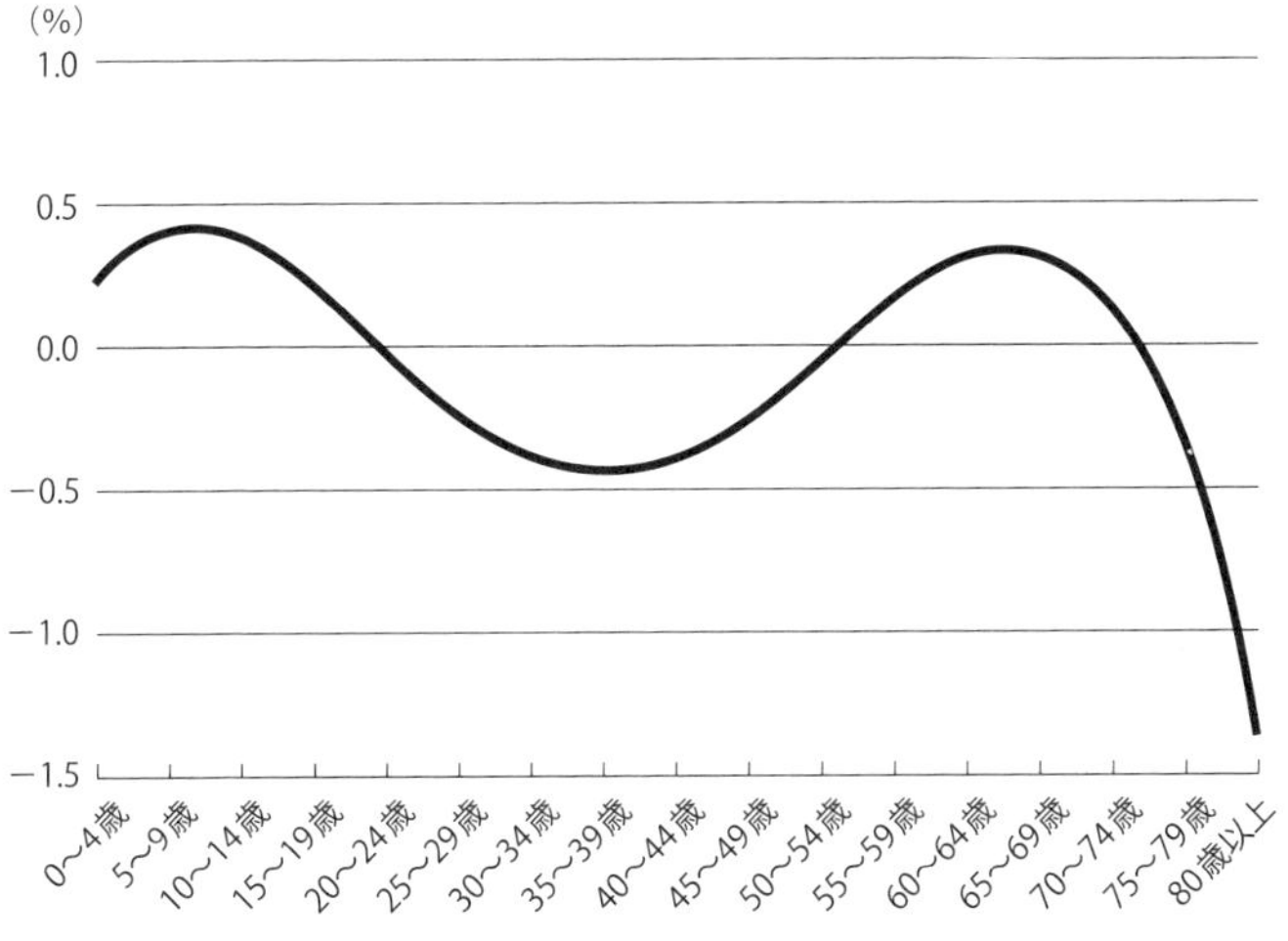

出所：国際決済銀行（BIS）

・高齢化はインフレ要因
・超高齢化はきわめて大きなデフレ要因

生産年齢人口とは、15歳以上64歳未満の人の数、超高齢者は74歳以上の人のことを指します。

年代別の人口とインフレの関係を紹介している論文はいくつかありますが、ここではBank for International Settlementsの研究を紹介しましょう（図表1－3）。

この論文によると、インフレ率と24歳までの人口には正の相関が、25歳から54歳までの人口には負の相関が、55歳から74歳までの人口には正の相関が、75歳以上の人口には負の相関があるとされています。

図表1-4　65歳以上の人口動向（千人）

年	内			人口	構成比（%）		
	65歳以上	75歳以上	85歳以上		65歳以上	75歳以上	85歳以上
2010	29,484	14,194	3,825	128,057	23.0	11.1	3.0
2015	33,952	16,458	5,111	126,597	26.8	13.0	4.0
2020	36,124	18,790	6,368	124,100	29.1	15.1	5.1
2025	36,573	21,786	7,362	120,659	30.3	18.1	6.1
2030	36,849	22,784	8,462	116,618	31.6	19.5	7.3
2035	37,407	22,454	10,149	112,124	33.4	20.0	9.1
2040	38,678	22,230	10,366	107,276	36.1	20.7	9.7
2045	38,564	22,567	9,848	102,210	37.7	22.1	9.6
2050	37,676	23,846	9,774	97,076	38.8	24.6	10.1
2055	36,257	24,010	10,346	91,933	39.4	26.1	11.3
2060	34,642	23,362	11,490	86,737	39.9	26.9	13.2
伸び率（%）	17.5	64.6	200.4	−32.3			

出所：国立社会保障・人口問題研究所「日本の将来推計人口」（出生中位・死亡中位推計）より筆者作成

これを日本のケースで考えるとどうなるでしょうか。

日本ではこれから、他の年齢階層を上回り、子どもの数がもっとも大きく減少します。これはデフレ圧力となります。一方、生産年齢人口も減るのでデフレ圧力を緩和する効果が生じます。そして、65歳以上の人口の中でもっとも増えるのが、デフレを招く影響がもっとも大きいとされる75歳以上です。

具体的な人数を見ていきましょう。２０１５年から２０６０年までに、65歳以上の人口が３３９５万２０００人から３４

64万2000人へと、69万人増えると予想されているのですが、75歳以上は690万4000人も増えると予想されています（図表1－4）。

IMFも年代別の人口とインフレの関係を分析しています。IMFの分析では、65歳以上の人口が増えることそのものがデフレ要因だと断言しています。

これらの分析結果をトータルして考えると、人口減少のほうが大きな影響を及ぼすものの、少子高齢化もデフレ要因になると判断していいでしょう。日本の人口動態を見れば、ほとんど最悪の組み合わせに近いと言っても過言ではありません。

③政治的なデフレ圧力

先ほど、IMFの分析では65歳以上の人が増えることがデフレ要因とされていると紹介しました。実はその分析の中に、特に気になる記載が2つありました。

1つは政治的なデフレ圧力です。主な収入源が給料である若い人はインフレを好む傾向がある一方、65歳以上の高齢者層は、資産は持っていますが収入は少ないので、デフレを好む傾向があるというのです。

ということは、65歳以上の人口構成比が上がるとインフレにつながる政策を嫌がり、その政策を進めようとする政治家は選挙で当選しにくくなるはずです。たしかに私も、講演会などで「デフレの何が悪いんだ」と言われることが多いのですが、そういう意見を持つ人は年齢が高い傾向が顕著です。

④産業構造の変化によるデフレ圧力

高齢化にともなう需要構造の変化によってデフレ圧力がかかるという分析もあります。若い人が多い経済ではモノを消費する比率が高いので、製造業が盛んになります。一方、平均年齢が上がれば上がるほど需要が変化し、製造業からサービス産業に経済構造の中心が移動するとあります。

高齢化が進めば進むほど、介護などの需要が高まり、人を多く要する生産性の低い仕事が増え、ひいては格差が広がることも考えられます。このことは、生産性向上に悪影響を与え、所得の上昇をさまたげます。これもまた、デフレ要因の1つとなっていきます。

日本は他国に先駆けて高齢化が進んでいるので、介護などの需要が先行して増加しています。これらの分野は国の規制が強く、生産性がきわめて低いため、やはりかなりのデフレ要因となると考えられます。

⑤外国資産売却によるデフレ圧力

また、年齢が上がれば上がるほど、働いて稼ぐ給料ではなく、資産を売って生活費にあてる傾向が強くなります。資産の中には外国資産も含まれます。これらが売られることにより、円高につながって、デフレ圧力が増すと考えられます。

最新の研究では、日本の「デフレリスク」は最強：供給要因

①企業の生き残り競争によるデフレ圧力

日本ではこれから人口が減るので、学校、美容室、食料品、車、住宅などなど、人間の数に依存するモノとサービスの需要が減ります。

また、高齢化によって、需要されるモノが変わります。需要が構造的に減っても、すぐに供給が減れば、デフレ圧力は吸収されますが、同じペースで供給が減らなければ、経済はデフレになりやすくなります。ですから、供給がすぐに減るかどうかを考える必要があります。

もちろん該当する市場は縮小を余儀なくされますので、企業間の生き残り競争は厳しさを増します。なぜなら需要が減った分、供給も減らさないといけないのですが、どこの企業も当然、

減らされる対象にはなりたくないと考えるからです。先ほどの不動産の例と同じ理屈です。

市場が縮小する以上、今あるすべての企業が生き残ることはできません。日本人消費者の数が減って、10社の企業を支えてきた需要が8社しか支えられない規模に縮小する場合、どの会社も生き残る8社になるようにがんばります。だからこそ生き残りをかけた企業間の競争が激化することになるのです。

生き残りのためのもっとも安易な戦略は、価格を下げて他の企業の体力を奪い、倒産に追い込むことです。最後まで残った企業は競争相手がいなくなるので、大きな利益を得ます。これを「Last man standing利益」といいます。

実際に今日までの25年間にわたる日本企業の動きを見ると、いかにもLast man standing利益を狙っているように見えます。これもまた、強烈なデフレ圧力を生むと考えられますし、今までのデフレの主因でもあると思います。

②労働分配率の低下によるデフレ圧力

Last man standing戦略を実行するためには、企業はまず、利益を削らなくてはなりません。しかし利益が乏しくなると、労働者にしわ寄せが回ります。経営者が人件費に手をつけるようになるからです。非正規の増加、ボーナスの削減、サービス残業の増加など、ここ何十年にもわたって日本で行われてきたこと、そのものです。それにより、労働分配率は著しく低下することになります。

実は、労働分配率の低下も大きなデフレ要因で、英国銀行がまとめた分析にその影響が紹介されています。「Inflation Dynamics and the Labour Share in the UK」という論文によると、労働分配率が低下すると、かなりのデフレ圧力が生じることが指摘されています。

アメリカなどでも、1980年代以降インフレ率が大きく下がっている原因の1つに、労働分配率の低下があるといわれています。

日本でも労働分配率は著しく下がっています。財務省が2018年9月に発表した2017年度の労働分配率は66・2%で、43年ぶりの低水準となりました。これは、長期にわたる日本経済低迷の大きな要因の1つです。日本は今こそ、この「労働分配率不況」から脱出しなければなりません。

さらに企業は国に対して、1990年代に貸しはがし規制、中小企業を優遇する政策、金利の引き下げ、税率の引き下げなどなど、さまざまな要望をくり返してきました。しかし、自ら生産性を高める努力は見られません。設備投資もせずに、従業員の給料を下げることで利益を増やし、内部留保として蓄えを増やしている企業がきわめて多いのです。この動きはすべてデフレ要因です。

す。

③最低賃金が低いことによるデフレ圧力

日本の場合、最低賃金が国際的に見てかなり低いことも、デフレの大きな要因になっています。

各企業はLast man standing戦略のため、最大のコストである従業員の給与を削減してきました。もちろん企業は無制限に従業員の給与を下げられるわけではなく、最低賃金までしか下げることはできません。

第5章で詳しく説明しますが、日本の最低賃金は驚くほど低く、理論的に計算した本来あるべき金額の3分の2程度でしかありません（図表1－5）。この驚くほど低い水準の最低賃金まで、企業には賃金を下げることが許容されています。だから、諸外国に比べて日本はどんどん労働分配率を下げることができるのです。

このように、企業の生き残りのしわ寄せが労働者に回ってきているのが、日本という国です。人口が増えていた時代と違い、人口減少により需要が減る中では、商品の価格を下げても総需要の喚起につながりません。賃金のさらなる引き下げは、デフレスパイラルの引き金となるだけです。そのため、最低賃金の低さがデフレ圧力の根源となるのです。

その証拠に日本では、実際に最低賃金で雇用されている人が増えています（図表1－6）。このまま放置すれば、今後さらにデフレ圧力が強まる可能性が高いでしょう。

図表**1-5**　**各国の最低賃金**（2017年）

国名	最低賃金（購買力平価、米ドル）
サンマリノ	13.68
オーストラリア	11.60
ルクセンブルク	11.55
フランス	11.03
ドイツ	10.56
ベルギー	10.15
オランダ	9.78
ニュージーランド	9.76
イギリス	9.38
台湾	8.75
アメリカ	8.50
オマーン	8.34
カナダ	8.18
サウジアラビア	7.62
韓国	**7.36**
スロベニア	6.92
マルタ	6.59
日本	**6.50**
スペイン	6.30
イスラエル	6.09
ポーランド	5.99
ギリシャ	5.64
香港	5.41

出所：各国の資料より筆者作成

図表1-6　世帯年収の分布

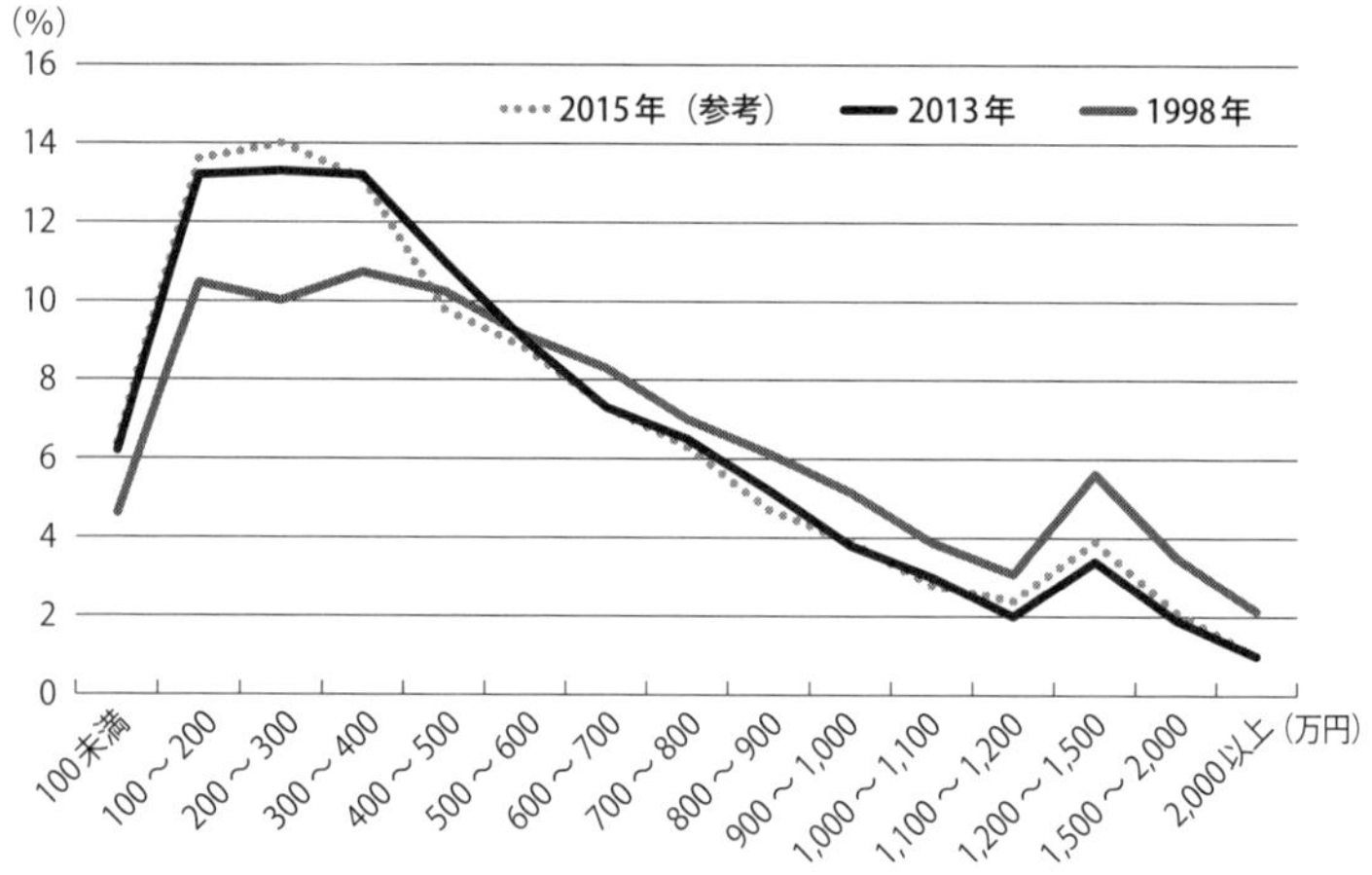

出所：厚生労働省「国民生活基礎調査」より筆者作成

④低賃金の外国人労働者を迎えることによるデフレ圧力

Last man standing利益を狙う企業の経営者たちは、最低賃金という壁にぶつかるとどうするでしょうか。理屈上、人手不足による賃金の上昇を嫌い、日本人の非正規雇用者を増やすだけでは飽き足らず、今度は低賃金で働いてくれる途上国からの外国人の誘致拡大を求めてくるはずです。

低賃金の外国人労働者が増えた場合、住民の数が増えるので、その分の需要の増加は期待できます。しかしLast man standing利益のためであればあるほど、労働人口に占める最低賃金で働く人の割合が高まり、労働分配率のさらなる低下につながります。そうなると、デフレ圧力は雪だるま式に強くなるでしょう。

結果として、途上国からの労働力が増えれば増えるほど、日本という国は「途上国」になっていきます。

日本では今後、最強のデフレ圧力となる人口減少に加え、さまざまなデフレ圧力が複合的に強まっていきます。政策的な供給調整をしなければ、企業は市場原理に基づいた生き残り戦略をとるため、今まで以上にデフレ圧力が生じることは避けられません。

ここで重要なポイントは、経営者のLast man standing戦略は資本主義の下、合理的な選択だということです。経営者は、悪事をはたらいているわけではないのです。

量的緩和の効果と人口動態

一方、「金融政策でインフレ誘導できる」と主張する人もいます。金利を下げて、量的緩和をしていけば、需給のギャップを埋めてインフレに持っていける。経済は再び成長するという理屈です。この理屈を検証する前に、その理屈を簡単に説明します。

この主張を簡単にいえば、「通貨の量を増やせば物価が上がる。物価が上がればすべての問題は解決できる」ということです。

一般的に知られている経済学では、量的緩和の効果は以下の式で説明されます。

通貨量×通貨の取引流通速度＝物価×総生産

基本的な考え方として、流通速度は短期的に一定、総生産も短期的に一定とします。よって、通貨量を増やせば、物価は上がることになります。

ここでのポイントは、通貨量によって物価が決まるということです。これを物価の均衡論といいます。

たとえば、「通貨量＝1000、流通速度＝5、総生産＝5000」とすると、理屈の上では、物価は1となります。式にすると「1000×5＝1×5000」です。

ここで通貨量を2000に増やすと、物価は2になります。

2000×5＝2×5000

これが、通貨の量が増えると物価が上がるという考え方です。

この考え方は、需要サイドから物事を考えています。つまり、需要は常に潜在していることが前提となっていて、その総額は通貨の量と速度で決まるということです。デフレは供給に対して、需要が一時的に不足していることを意味するので、通貨を増やして、本来あるべき需要に戻せば、需給の均衡を取り戻すことができるという対策なのです。

たしかに、今まではどの国も人口が増え続けてきましたので、それにともない、需要も基本的には増え続け、供給が事後的に追いついてくる仕組みでした。ですので、需要が短期的に不足している場合、金利を下げれば需要を喚起することが可能でした。また、通貨の流通量を増やすことでも、需要は喚起されてきましたし、短期的なデフレをインフレに変えることが期待できました。

人口が増え続けていれば、需要者の増加にともない潜在的な需要が増えます。新しい需要者がお金を使えるように、銀行の貸出能力を高めたり、金利を低くしたりすれば、実際の需要が喚起されます。このことは常識なので、疑問を持たれる方はいないと思います。

本質的に考えると、物価の均衡論は取引されているモノやサービス自体の均衡論を前提としているのです。人口が増えていれば、モノとサービスの均衡論をわざわざ考える必要はありませんでした。一般的には、モノとサービスの需給はやがて均衡する。インフレかデフレかは金融政策次第でした。だから、金融政策によってコントロールできたのです。

日本のデフレも、2015年までは「金融政策の失敗」で説明できると思います。だからこそ、アベノミクスにも一定の効果があったのです。

しかし、今後のデフレ圧力は、その本質が異なります。金融政策自体が効かなくなる時代を迎えているのです。

世界的にマネタリズムの効果は薄れている

ごく最近の海外の学会では、インフレは金融政策によって決まるというマネタリズムを再検証する動きがあります。インフレは金融政策の結果だという考え方は、特に1970年代と1980年代に主流を占めていました。金利を動かしたり、通貨の量を調整したりすることで、インフレ率を管理できるという考え方です。

しかし、最近になって、先進国ではインフレ率が低迷する傾向が顕著になってきたため、人口の増減とインフレ率の関係が再考され始めています。

学者によっては、実はインフレ率と人口増減はリンクしていて、金融政策でインフレ率を変えられるという考え方は錯覚だったのではないかという人まで出てきています。

いずれにしても、インフレ率は金融政策だけでは決まらないというのが、最近の経済学のトレンドになってきているのは確かです。しかし、日本の学者と民間エコノミストの多くは考え方が古いようで、相変わらず人口は関係ないと言い張っている人が多く、世界のトレンドに追いついていません。

人口減少下には量的緩和は効かない

先ほど紹介した「通貨量×通貨の取引流通速度＝物価×総生産」という式に戻ります。極端な例で、均衡論の問題点を説明します。

この式で、1000人の人が年5回、1個のモノを買うと仮定します。供給量は5000個なので、通貨量を1人当たり1とすれば、価格は1となります。

その1000人が500人にまで減った場合、今までどおり1年に5回しか買わないのであれば、潜在需要は2500個しかありません。供給力は5000個ですので、企業はLast man standing戦略によって5000個を継続的に売りたいと考えますが、そもそも2500個の需要しかありません。均衡が崩れています。

この状態で通貨の量が増えたとして、価格は上がるでしょうか。500人が5回ではなく10

回買えばもとの需要量になりますが、10回買わない場合、通貨量を増やしても物価は上がらないでしょう。

減った人の分だけ、買う回数を増やしてもらわないと均衡がとれません。だから、価格が上がらないのは明白なのです。

つまり、量的緩和で物価が上がると主張している人は、需要者が一定であると想定しているのです。日銀の2％インフレ目標が実現されない最大の理由はここにあると思います。人口減少問題を抱えている国で供給調整を行わない場合、通貨の量を増やすだけでは、人口が引き続き増加している国々と同じ2％インフレを実現することは非現実的でしょう。それが可能だと期待すること自体に無理があります。人口減少問題を抱えていない他国と同じように考えてはいけないのです。

もし2％のインフレ率を維持できるとしたら、それは奇跡でしかありません。モノとサービスの均衡がとれていれば、量的緩和によるインフレは可能だと思いますが、明らかにモノとサービスの均衡がとれていません。

量的緩和政策は、「不足している需要は、喚起することができる」ことがベースとなっています。長期的に見れば、需要は基本右肩上がりに増えるという前提がおかれているのです。

需要総額は右肩上がりに増え、経済も右肩上がりに成長する。価格も同様に右肩上がりに上昇する。しかし、経済が右肩上がりに成長するためには、長期トレンドで人口が増加するという成長要因が不可欠なので、人口が継続的に増えることが前提として必要です。この点に関しては、第2章でさらに検証していきます。

人口減少と高齢化と総需要

今の日本で量的緩和の効果が薄れている理由には、もう1つのもっとわかりやすい切り口があります。

量的緩和とは、日本銀行が銀行から債券を買って、銀行にお金を供給する政策です。銀行には預金があふれ、貸す能力が上がります。量的緩和によって物価が上がるには、銀行がこのお金を企業や個人に融資して、お金が市場に回流することが必要です。通常であればそうなりますが、果たして日本はどうでしょうか。

人口減少によって人の数が減っていくので、借り入れの需要件数は減るはずです。人間の数の減少によるマイナス要因です。

図表1-7　日本の年代別純貯蓄額

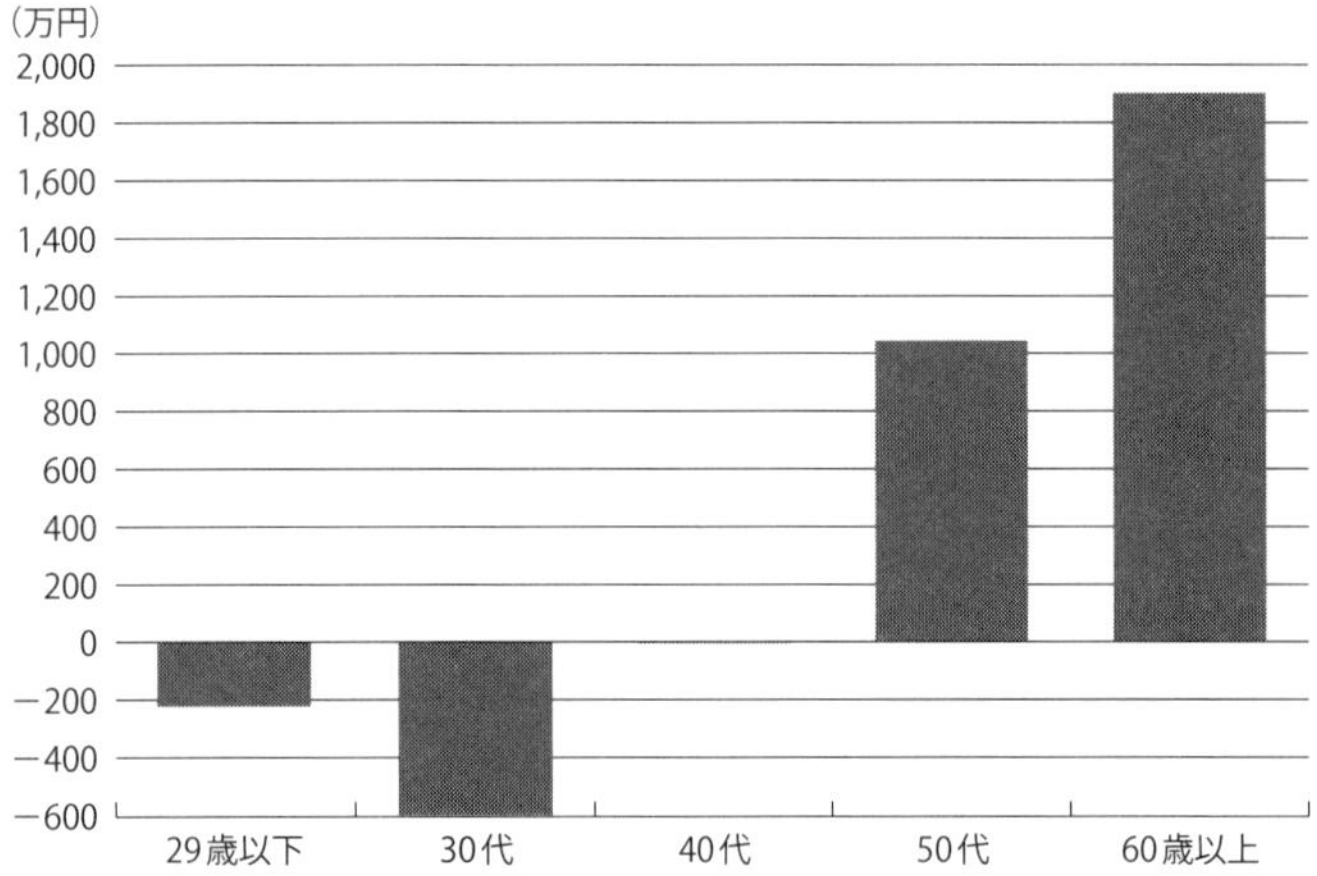

注：2人以上世帯のうち勤労者世帯、世帯主年齢階層別
出所：総務省統計局「家計調査」2017年

それに加えて、高齢化することによって、銀行からの融資ニーズは減っていきます。図表1-7にあるように、日本人が借金をする時期は、圧倒的に若い時期が多いのです。これは海外でも同様です。

特に20代と30代の借金の中でもっとも大きいのが、住宅取得資金です。多くの人にとって住宅は人生で1回きりの買い物ですから、たとえ人口が減らなくても高齢化が進めば、銀行からの借り入れ需要が減るのは自明です。

また、人口が減らなくても、高齢化することによって、消費意欲が減ります。人間は高齢化することによって、消費額が減るからです。消費額が減れば、通貨を増やしても効果が出にくくなります。

図表1-8　アメリカの収入と支出のバランス

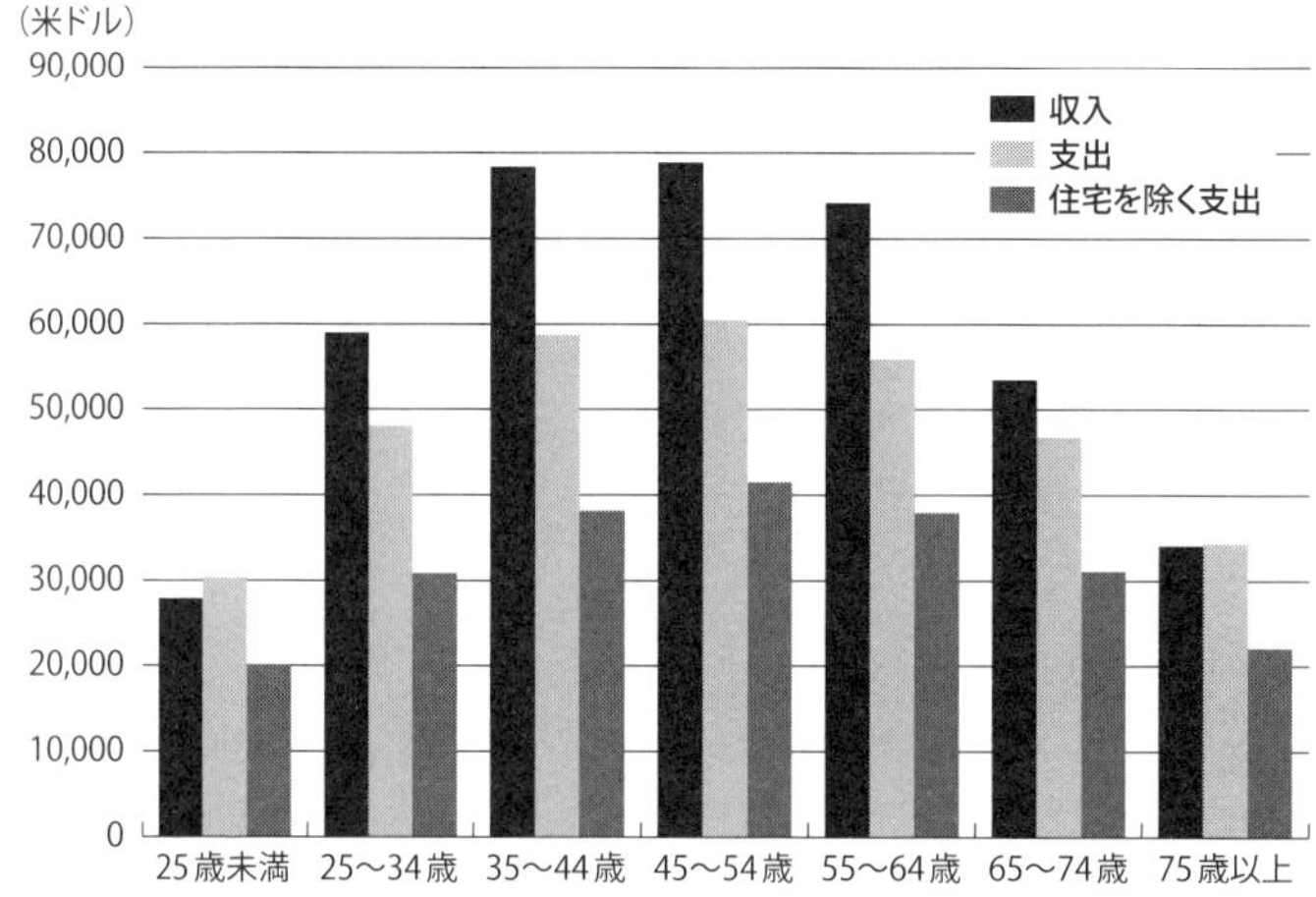

出所：US Bureau of Labor Statistics, 2013

諸外国でも、同じ傾向が確認できます。

ここでわかるのは、同じ人口であっても、年齢が高まるほど潜在的な総需要が減るということです。供給調整をしなければ、モノとサービスの均衡が崩れるので、量的緩和は効きづらくなります（図表1―8）。

企業も、総需要が減っているので、設備投資などの資金総需要が過去に比べて相対的に減っているはずです。

つまり、人口が増えて平均年齢が低い場合には量的緩和の効果は大きい一方、人口が減って、なおかつ高齢化している場合、銀行からの借入れニーズが減るので、その効果はきわめて限定的になるのです。

空き家比率と金融緩和の限界

インフレ率は世界的に下がっています。その理由の1つが、高齢化だと言われ始めています。その主なメカニズムは不動産市場への影響です。そのメカニズムを、簡単に説明します。

アメリカの場合、不況になると失業者が増えて、家を買える人が減ります。すると、空き家比率が上がり、不動産価格が下がります。しかし、潜在的な需要、すなわち家がほしい人の数は減っていません。人口が増え続けているからです。

そこで、政府は公共工事などを増やす政策を始めます。すると政府部門の需要が増えます。あわせて、金利を低くしたり、銀行に大量の流動性を供給する政策を追加します。銀行が融資に積極的になる上、金利も低いとなれば、借金をして家を買う人が増えます。このようにして、住宅市場の均衡が回復します。

アメリカでは今でも人口が増えているので、そもそも家を買いたい人が増えています。当然、このように住宅を買う条件が好転すると、購入する人が増えます。次第に空き家比率が下がり、不動産価格が上がっていきます。

すでに説明したように、不動産価格は物価にもっとも大きな影響を与える要因です。だから不動産価格が上昇すると、インフレに戻りやすくなるのです。

しかし、日本はアメリカのようにはなりません。人口が激減するからです。しかも、高齢化も進んでいます。すでに住宅を所有している人が多い上、少子化によって、これから住宅を購入する層はどんどん減っていきます。しかし、住宅の数はすぐには減らないので、空き家比率は上がる一方です。

金利を下げても、銀行の流動性を高めても、そもそも住宅を買いたい人が毎年少なくなっているのですから、資金を借りる人も増えません。

需要者がいないので、なかなか理屈どおりには需要は喚起されません。だから空き家比率に大きな変化が生じないかぎり、2％のインフレにはならないはずです。

日本では、通貨量を増やして、デフレ圧力をある期間に限って緩和することはできます。しかし、余った不動産を減らして供給調整をしないかぎり、均衡には戻りません。これは金融政策だけで解決できる問題ではないのです。

かといって、量的緩和を止めるべきだ、という理屈にはなりません。これはこれで日本経済にとって意味あることです。しかし問題の本質は、供給調整をしないかぎりインフレにするこ

図表1-9　デフレ脱却の概念図

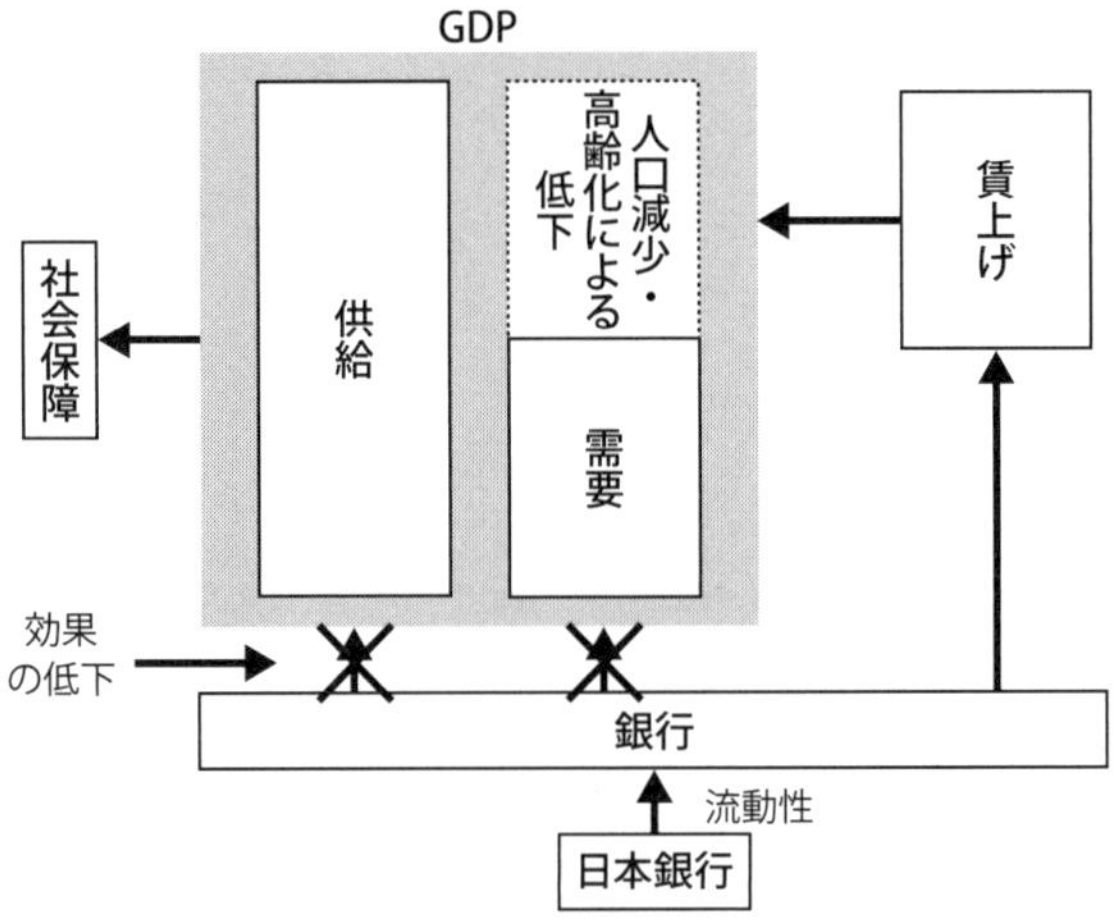

とはできない、ということです。

必要なのは継続的な賃上げ

世界的に、金融政策は個人消費の喚起にはつながらず、金融市場で株高などをもたらすだけにとどまると言われています。

総括すると、日本は社会保障のためにＧＤＰを維持する必要がありますが、人口減少と高齢化によって需要が構造的に減ります。日銀は銀行に流動性を供給していますが、民間のニーズがないため、このままでは流動性が市中に流れません。そうであるならば、個人消費を増やすための別の政策が必要になります。

それが「賃上げ」です（図表1−9）。通貨量をきちんと増やしながら、賃上げを継続していく。それができれば、総需要は縮小せず、モノとサービスの均衡が回復して、インフレを実現することも可能です。このパラダイムシフトは、デフレ圧力を吸収し、日本経済を活性化します。

このポイントについては、第6章であらためて詳しく説明します。

参考文献

Jong-Won Yoon, Jinill Kim, and Jungjin Lee, "Impact of Demographic Changes on Inflation and the Macroeconomy," IMF Working Paper, WP/14/210, November, 2014.

Adam Ozimek, "Population Growth and Inflation: A New Study Suggests Weak Population Growth Can Be a Significant Headwind for Inflation," Moody's Analytics, August 31, 2017.

Yihan Liu and Niklas Westelius, "The Impact of Demographics on Productivity and Inflation in Japan," IMF Working Paper, WP/16/237, December 2016.

Derek Anderson, Dennis Botman, and Ben Hunt, "Is Japan's Population Aging Deflationary?" IMF Working Paper, WP/14/139, August 2014.

Mikael Juselius and Előd Takáts, "Can Demography Affect Inflation and Monetary Policy?" BIS Working Papers, No.485, February 2015.

Patrick Imam, "Shock from Graying: Is the Demographic Shift Weakening Monetary Policy Effectiveness," IMF Working Paper, WP/13/191, September 2013.

Nicoletta Batini, Brian Jackson, and Stephen Nickell, "Inflation Dynamics and the Labour Share in the UK," External MPC Unit Discussion Papers, No.2, November 2000.

Tom Rutter, "Must Quantitative Easing end in Inflation?" The Royal Economic Society, The 2013 Young Economist of the Year Competition, 2013.

Jesús Fernández-Villaverde and Dirk Krueger, "Consumption over the Life Cycle: Facts from Consumer Expenditure Survey Data," *Review of Economics and Statistics,* Vol.89, No.3, 2007.

Noriko Tsuya, "The Impacts of Population Decline in Japan: Demographic Prospects and Policy Implications," Reexamining Japan in Global Context, Forum 005 Special Report, 2006.

第2章

資本主義をアップデートせよ

――「高付加価値・高所得経済」への転換

PARADIGM SHIFT 2

「高付加価値・高所得」資本主義への転換

日本は福祉制度を維持するためにも、生産性向上を継続的に実現する経済モデルに切り替える必要がある。

今の人口増加経済モデルから、人口減少経済モデルである「高付加価値・高所得」資本主義に切り替えることが不可欠だ。

第1章では、人口の激減と少子高齢化によって、大変なデフレ圧力が日本経済にのしかかってくることを説明しました。

この状況を生き延びるためには、賃上げをして生産性を高めることが不可欠です。しかも日本の生産性は、世界第28位ときわめて低い順位に低迷しています。これは「伸び代」が大きいということで、日本にとってのチャンスです。ここさえ何とかできれば、日本の未来は明るいと言えます。

生産性を向上させるにはさまざまな工夫が必要ですが、何をおいてもまず第一に必要なことがあります。それが、「生産性向上のための意識改革」です。

実は、日本だけにかぎらず、世界中の先進国が、経済成長率を維持するためにますます生産性向上に依存する傾向にあります。その中で、日本は先進国の中でももっとも生産性の向上が必要な国になります。生産性向上を実現するには、やはりまずはそのことに目覚める大きな意識改革が必要なのです。

今までの世界の経済成長は、意外にも人口増加モデルだった

世界的なコンサルティング企業であるマッキンゼーの分析によると、今までの50年間、世界経済の成長率は3・6％でしたが、これからの50年間では、経済成長率が2・1％まで減少すると予想しています。

その理由は、経済成長を「人口増加要因」と「生産性向上要因」に分けて考えるとよくわかります。

今までの3・6％の成長率は、「人口増加要因」「生産性向上要因」がそれぞれ1・8％ずつでした。一方、これからの50年間は、人口増加要因が0・3％まで低下するといいます。今までどおり「生産性向上要因」が1・8％を維持するとしても、世界の経済成長率は2・1％まで低下します。従来は50％だった成長率に占める生産性向上要因は、86％（1・8÷2・1）まで上がります。つまりこれからの世界は、「生産性向上要因」の重要性がますます高まると考えられるのです。

多くの先進国の場合、生産性が向上しなくても、一定の経済成長は見込めます。人口が増え

るからです。しかし日本の場合、人口増加要因はマイナスですので、まずそのマイナスを生産性向上で埋める必要があります。つまり、よほど生産性を向上させないと、経済が成長しない構造なのです。

国内外を問わず、経済成長における人口増加要因の重要性は、十分に認識されていないと感じます。しかし一般的に考えられている以上に、人口増加要因の影響は大きいのです。

データをきちんと分析すると、国の経済成長率が何によって決まるのか、一般の見方と違う実態がはっきりしてきます。

GDPの成長を、「人口の増加」と「生産性の向上」の2つの要因に分けて分析したT. Pikettyによると、1700年から2012年までの世界経済成長の要因は、0・8%が人口増加、0・8%が生産性向上で説明できるそうです（「The Role of Population in Economic Growth」より）。

1913年から2010年の西ヨーロッパのGDP成長率は、平均して2・32%でした。それに対して、アメリカ、カナダ、オーストラリア、ニュージーランドの経済成長率は平均3・08%でした（実際は、アメリカ1カ国が平均を引っ張り上げています）。1年間では0・76%の差ですが、これが100年以上続くと非常に大きな違いになって現れます（図表2−1）。この違いは、経済政策などの違いによって説明される傾向があります。

しかし、その中身を見ると、アメリカなどの生産性向上率は、西ヨーロッパの1・85％より低い1・79％なのです。つまり、GDPがより伸びた理由は、人口の成長率が欧州の0・47％に対し、1・29％と高かったからなのです。

この傾向は、1990年から2015年までの期間でも、同じように確認できます（図表2−2）。たとえば、GDP成長率はEUの1・64％に対し、アメリカは2・38％と明らかにアメリカが優位です。しかし、その要因を見ると、EUは人口が0・26％増、生産性が1・38％増に比べて、アメリカは人口が0・98％増、

図表2−1　人口増加要因と生産性向上要因で見た経済成長率

	1820～2010年			1913～2010年		
	人口増加（%）	生産性（%）	経済成長（%）	人口増加（%）	生産性（%）	経済成長（%）
西ヨーロッパ	0.60	1.40	2.00	0.47	1.85	2.32
東ヨーロッパ	0.62	1.21	1.83	0.42	1.79	2.21
旧ソ連	0.87	1.11	1.98	0.66	1.70	2.36
その他アングロサクソン	1.84	1.64	3.48	1.29	1.79	3.08
ラテンアメリカ	1.75	1.25	3.00	2.05	1.52	3.57
アジア	0.93	1.25	2.18	1.48	2.28	3.76
アフリカ	1.38	0.75	2.13	2.17	0.83	3.00
世界	0.99	1.26	2.25	1.38	1.67	3.05

注：その他アングロサクソンはアメリカ、カナダ、オーストラリア、ニュージーランド
出所：The Role of Population in Economic Growth

図表2-2　人口増加要因と生産性向上要因で見た経済成長率（1990〜2015年）

	人口増加要因（%）	生産性要因（%）	経済成長（%）
世界	1.32	1.42	2.74
アメリカ	0.98	1.40	2.38
EU	0.26	1.38	1.64
オーストラリア	1.33	1.77	3.10
ノルウェー	0.85	1.59	2.44
カナダ	1.02	1.26	2.28
イギリス	0.52	1.49	2.01
オーストリア	0.44	1.38	1.82
フランス	0.53	0.95	1.48
日本	**0.11**	**0.77**	**0.88**
イタリア	0.28	0.36	0.64

注：成長率は実質GDPで算出
出所：世界銀行データより筆者作成

生産性向上は1・40％増です。生産性向上率では、EUをわずか0・02％上回っているだけなのです。

あらためて分析してみると、アメリカ経済の成長率が欧州より高い最大の要因は、アメリカの人口成長率が欧州のそれよりはるかに高いことにあるのがわかります。

経済成長至上主義を改める

経済成長と人口増減の密接な関係を見過ごしているという意味においては、アメリカの研究者も日本と同じ勘違いをしているようです。どちらも「量の増加による経済成長と中身の改善による経済成長を混同している」のです。

きわめて高い経済成長率を理由に「アメリカ経済は世界一成功している」と認識している人は多いでしょう。そのこと自体は間違いではありません。たしかに、どの国よりもアメリカ経済が強いのは事実ですし、生産性も高いです。

アメリカでは、成長要因には着目せず、表面的な成長率だけを見て、アメリカの経済成長率はずっと前から欧州より高いので、欧州の時代は終わったと言う人がいます。そして、「欧州は古い文化と歴史に縛られて、成長が阻害されてしまったから」ということに、その理由を求める論調が主流です。

一方、アメリカ経済がより高い成長を継続できてきたのは、自由な資本主義国であるが故に優れた企業文化が生まれ、それが高い成長率につながり、成功をおさめているからだという論調が数多く見られます。

また、優れた社会制度を要因として挙げている例もあります。アメリカ経済の成長の理由を問われると、シリコンバレーに代表される「イノベーションに富む企業文化」などを挙げる人が多いとも感じます。

このように、アメリカの成長率が高い理由を、アメリカ資本主義の特徴など、アメリカ経済の仕組み自体、つまり中身の強さに見出す論調は、枚挙に暇がありません。
しかし、事実は必ずしもそうではありません。アメリカ経済の優位性の最大のポイントが人口の増加、すなわち量の多さなのは、すでに説明したとおりです。

経済の規模より経済の中身を重視せよ

日本で今後の経済政策を決めるにあたっては、従来どおりの単純なGDP総額やGDP成長率の目標を設定したり、それらを基準にする考え方を改めるべきです。この考え方はもう古いのです。

過去100年以上、先進国の優劣は、GDPの大きさやGDP成長率の高さを基準に判断されてきたように思います。しかし、その考え方は単純すぎます。

GDPの大きさや成長率の高さの要因をきちんと見ないで、GDPが大きければA国はすごい、経済成長率が高ければB国はすごいと、国別の優劣を決めつける。その上、技術の差、教育制度の違いなど、必ずしも強い因果関係のない国の特徴を、その国の成長率の高さの要因だとこじつける。そのようなことが、過去には多かったように感じます。

日本でも高度成長期には、毎年大きく増えるGDP総額や成長率を見て、自分の国の技術力の高さや国民の勤勉性に誇りを持った人が多かったように思います。GDP総額でランキングの上位に入ったことで、悦に入っていた人も少なくなかったのではないでしょうか。拍車をかけるように、日本がGDP総額世界第2位だったときには、『Japan as Number 1』などという本も出版されました。

先述したように、今までの経済成長率の高さや経済の規模を見て、欧州に比べてアメリカ経済のほうが優位な経済制度だと考えている人は、日本にもたくさんいると思います。理由として、シリコンバレーのIT企業の集積や、自由資本主義のもとに生まれた活気ある起業文化などが挙げられるかもしれません。なので、日本の成長率がアメリカより低くなると、「アメリカのように雇用規制を緩和するべきだ」「日本版シリコンバレーを作るべきだ」「起業文化を強化するべきだ」など、表面的にアメリカの真似をするべきだという声が大きくなります。

このようにGDP総額の大きさやGDP成長率を取り上げる際も、無理やり国の特徴と成長率に因果関係を求めていることが多いように感じます。しかし、実際の因果関係を見ると、実態はより複雑なのがわかります。

日本は、GDP総額ではいまだに世界第3位の経済規模を有しています。その要因は先進国第2位の人口の多さです。一方で、日本の生産性は世界第28位です。つまり、日本経済が世界

図表2-3　先進国のGDPランキング

	GDP（10億米ドル）	1人当たりGDP（米ドル）	人口（人）
アメリカ	19,390.6	59,763	324,459,463
日本	**5,428.8**	**42,584**	**127,484,450**
ドイツ	4,170.8	50,793	82,114,224
イギリス	2,914.0	44,030	66,181,585
フランス	2,835.7	43,640	64,979,548
イタリア	2,310.9	38,930	59,359,900
韓国	2,029.0	39,798	50,982,212
スペイン	1,773.9	38,268	46,354,321
カナダ	1,769.3	48,310	36,624,199
オーストラリア	1,246.5	50,980	24,450,561
台湾	1,185.5	50,177	23,626,456
オランダ	916.1	53,775	17,035,938
ベルギー	528.5	46,241	11,429,336

注：GDPは購買力調整済み
出所：IMF、国連のデータ（2017年）より筆者作成

で第3位なのは、圧倒的に人口の多さが主因なのです（図表2−3）。

しかし、これからは状況が一変します。日本は人口が急速に減り、遠くない将来、人口大国ではなくなります。人口が減るので、人口増加要因による経済成長はなくなります。それどころか、日本の人口減少は他に類のない大きさとスピードになると予測されているので、世界一、人口増加による経済成長要因のない先進国となるのです。

したがって、日本では今後、

GDP総額やGDP成長率を政策目標にしてはいけないのです。それらにかわり、国民の所得水準や生活水準、生産性を政策目標の中核にするべきです。要するに、絶対量の目標ではなく、経済の中身で勝負するべきなのです。

「経済は縮小してもいい」は妄想

『新・生産性立国論』『新・所得倍増論』（いずれも東洋経済新報社）にも書いたように、GDP総額は「人口×生産性」という式で表されます。人口が減って、生産性が高まらなければ、GDP総額は間違いなく減ります。これは子どもでも理解できる、簡単な話です。

今のGDPを維持するためには、計算上、生産年齢人口1人当たりのGDP（2015年、723・8万円）を、2060年には1258・4万円にまで引き上げる必要があるのです（図表2－4）。

「日本では人口が減るので、生産性を上げないとGDPが維持できず大変なことになる」という話をすると、「日本人は『足るを知る』を重んじる国民だから、GDPが減ってもそれに耐えられる。だから、今までのやり方を変える必要はない」と反論されることがあります。しかし、

図表2-4　総人口と生産年齢人口当たりの生産性目標

年	0～14歳（千人）	15～64歳（千人）	65歳以上（千人）	総計（千人）	生産性目標（千円）	
					総人口当たり	生産年齢人口当たり
2015	15,827	76,818	33,952	126,597	4,392	7,238
2020	14,568	73,408	36,124	124,100	4,480	7,574
2025	13,240	70,845	36,573	120,659	4,608	7,848
2030	12,039	67,730	36,849	116,618	4,768	8,209
2035	11,287	63,430	37,407	112,124	4,959	8,766
2040	10,732	57,866	38,678	107,276	5,183	9,608
2045	10,116	53,531	38,564	102,210	5,440	10,387
2050	9,387	50,013	37,676	97,076	5,727	11,117
2055	8,614	47,063	36,257	91,933	6,048	11,814
2060	7,912	44,183	34,642	86,737	6,410	12,584
増減率（%）	−50.0	−42.5	2.0	−31.5	**46.0**	**73.9**

出所：国立社会保障・人口問題研究所「日本の将来推計人口（平成24年1月推計）」（出生中位・死亡中位推計）より筆者作成

それは無理です。

日本では、2015年から2060年までの間に、国の経済を中核となって支える生産年齢人口が約3264万人も減ってしまいます。世界第5位の経済規模を誇るイギリスの労働者人口は約3211万人です。そのイギリスの労働者人口を上回る数の生産年齢人口が、世界第3位の経済からいなくなるのです。

このことでいちばん深刻なのは、生産年齢人口が大幅に減ってしまう反面、65歳以上の高齢者の数が減らないことです。

65歳以上でも仕事を続ける人

はいるので、すべてが無職になるわけではありませんが、少なからぬ割合の人が離職します。つまり、定義は少し違いますが、ある意味では大量の失業者が発生することになります。あまり意識されていないようですが、日本は確実に無職者大国になるのです。

このような事態に備えて、年金支給の年齢を引き上げようという議論があります。しかし、日本ではさらに上の年代である超高齢者がより増えます。支給年齢の引き上げも緩和策にはなるかもしれませんが、根本的な解決策にはなりません。

超高齢者層の年金や医療費などの社会保障費の源泉はＧＤＰ総額なので、ＧＤＰが減ると社会保障費の支払いに支障をきたすことになります。

将来の生産年齢人口の生産性が今のままだと仮定し、現状の社会保障額を横ばいのまま推移させたとしても、64歳以下の人の収入に対する社会保障の負担率は、２０１５年の36・８％から２０６０年に64・１％になります（図表2−5）。

もちろんこんなに重い負担に耐えられるはずはありません。年金制度などを「微調整」しただけで何とかなる問題でもありません。だからこそ、生産年齢層の生産性を高めるしか、対応する方法はないのです。

図表2-5　福祉負担が給与に占める比率

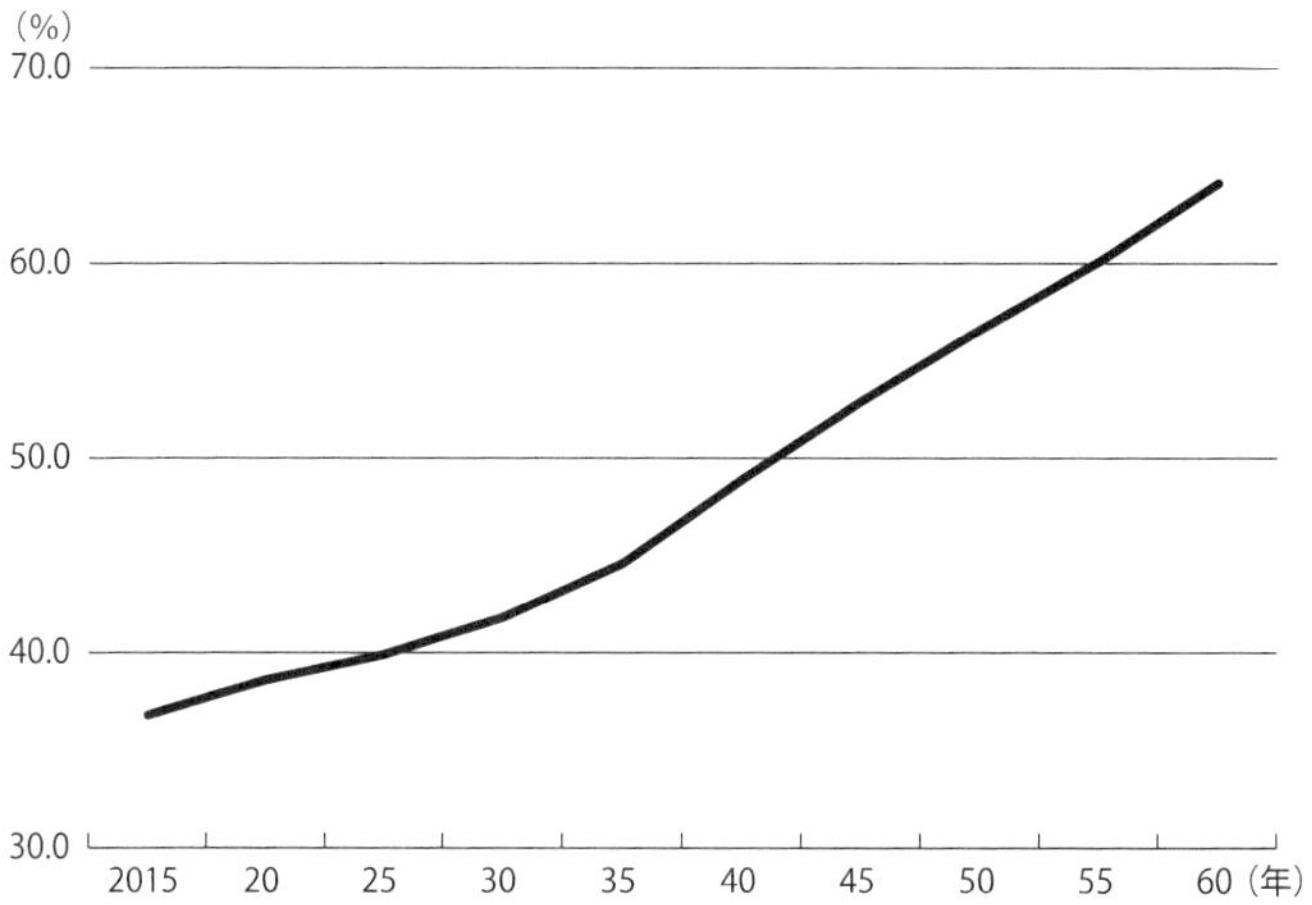

出所：筆者作成

また、日本には国の借金の問題もあります。人口が減っても、現行の1200兆円の国の借金は残り続けます。国の借金の場合、その総額よりも「GDPに対する比率」が重視されます。日本のGDPに対する借金の比率の高さは今でもすでに世界一です。

人口が減った場合、GDPを維持するために生産性を上げないと、仮に国の借金が今以上には増えないとしても、借金の対GDP比率は今の2倍以上に膨らんでしまうのです。これでは国が滅びます。年金も払えなくなり、医療費の負担もできなくなります。

先ほどの「足るを知る」ことを重んじる発言は、聞こえはよいのですが、実態が理解できていない、無責任な感情論でしかありません。識者と呼ばれる人も含めて、この種の発言をする人が日本には相当数います。危険で無知な発言だととらえるのが賢明です。

日本でGDPを減らすのは自殺行為です。だから結局、何をどう検討しても、人口減少・高齢化による総需要減少を、賃上げによって相殺するしかないのです。それには生産性を向上させ、付加価値を高めていくしかありません。論理的に分析すればするほど、結論はここに辿り着きます。

いろいろとごたくを並べて反論する人も出てくると思います。そういう人は、中途半端な分析しかできない人か、計算機を叩くこともしない人か、ただ単に妄想しているだけの人だと思わざるをえません。

「いいものをより安く」は人口増加が大前提

今までの日本では、「いいものをより安く」という経営戦略がよいとされ、それを忠実に実行してきました。常に効率を求め、とにかくコスト削減に邁進し、特に人件費を下げる。多くの経営者はそれだけを考えていたように思います。

「いいものをより安く」という戦略は、人口が増加している時代には非常によい戦略です。いいものをより安くすると新しい需要がどんどん生まれるので、単価は下がりますが、それ以上に売上が増えます。最終的には利益も増え、皆が得をする戦略でした。よりたくさん売ることによって、規模の経済も働きます。

しかし、「いいものをより安く」という戦略は、厳しい言葉で言うと、優秀な労働者さえいればどんなバカな経営者にも可能な戦略です。その分、労働者に大きな負荷がかかります。

日本の労働者の質が高いことは、世界中に知れ渡っています。World Economic Forumという世界的に有名な評価機関のランキングでは、日本の労働者の質は世界第4位にランクされています。一方、生産性を見ると、こちらは世界第28位です。人材の質が高いのでいいものを作っているのですが、価格が安いために生産性が低くなるのです。

生産性が低いということは当然、所得水準も低くなります。実際、ここまで人材評価と所得水準が乖離している先進国は日本以外にはありません。ほとんどの国では、人材の評価と所得水準は一致しています（図表2−6）。相関係数は0・80にものぼります。

人口増加が減少に転じるというパラダイムシフトが起きた以上、経営者は賃下げから賃上げへと、そのパラダイムを転換しなければなりません。賃下げ戦略をとっている日本の経営者は、

図表2-6　人材評価と生産性には高い相関がある

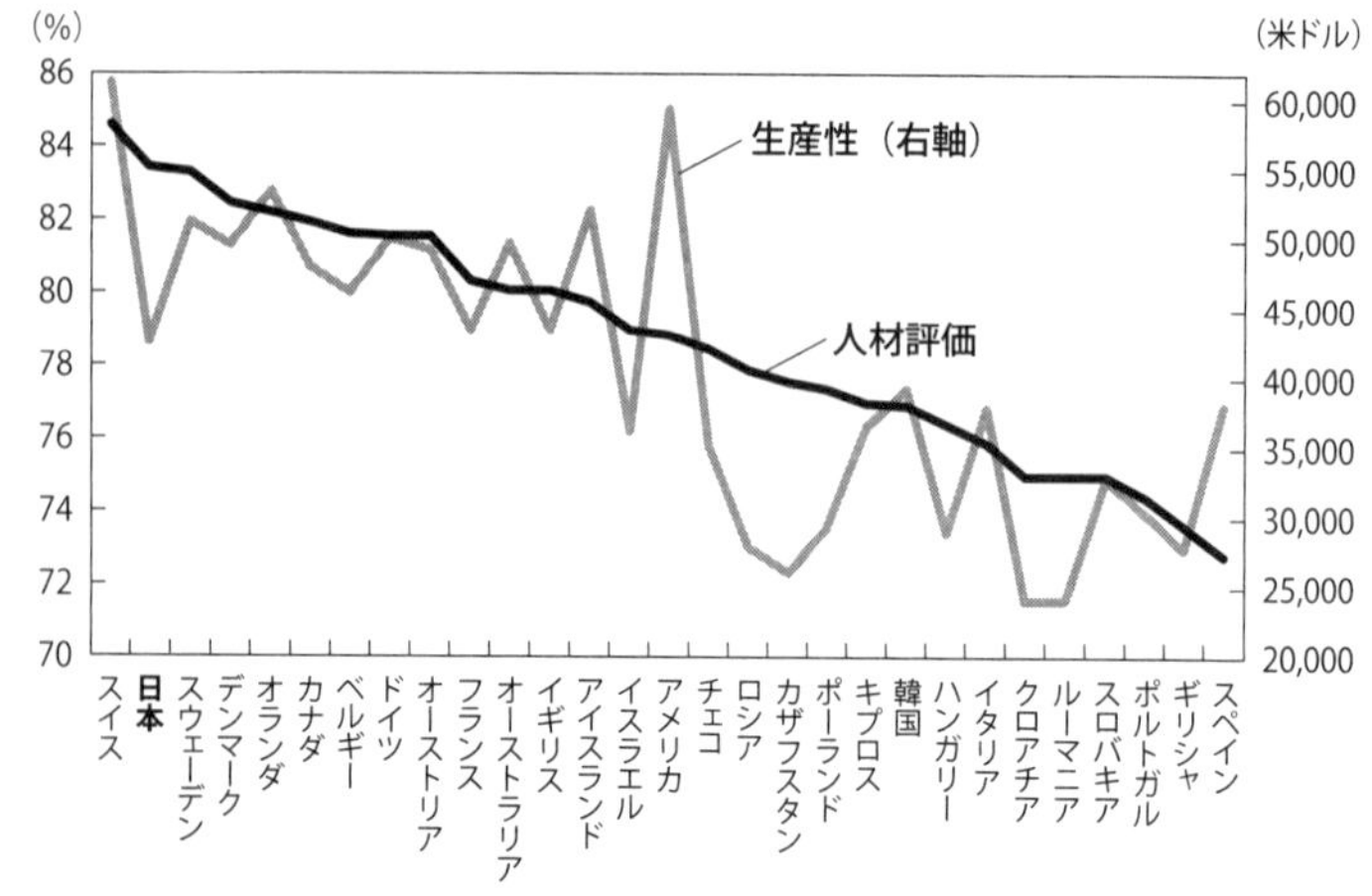

注：生産性の計測に特殊要因のある国は除外している
出所：World Economic Forum 2016 のデータより筆者作成

国益に逆行しているのです。

Low road capitalism と High road capitalism

今の日本の経営戦略を英語で言うと、「Low road capitalism」になります。

これをわかりやすい日本語に訳すのは難しいのですが、近い訳は「低次元資本主義」、もしくは「低付加価値・低所得資本主義」になると思います。

Low road capitalism の反対は、High road capitalism。日本語にすると「高次元資本主義」「高付加価値・高所得資本主義」です。

この2つの表現の意味するところを伝えるのも難しいのですが、High road capitalismは「王道」「茨の道」「厳しい高次元な道」というニュアンスがあります。

一方、Low road capitalismは「簡単」「安易」「楽をしたい」「サボっている」「ごまかしている」などのニュアンスが含まれています。

神社の参道で例えるなら、差別的な意味合いを抜きにして、High roadは「男坂」、Low roadは「女坂」。日本庭園で言えば、雄滝《おだき》と雌滝《めだき》ということになろうかと思います。

両者の違いを知ることは、今後の日本にとってきわめて重要です。以下で詳しく説明していきましょう。

Low road capitalism

まず、Low road capitalismから説明します。他にも書かれていますが、ここでは『American Society: How It Really Works』という本に書かれている説明を紹介します。この本は、エリック・オリン・ライトというアメリカの有名な社会学の教授が書いた本で、大変参考になります。ライト教授は左寄りの政治的信条の持ち主で、そこは若干気になるところです。しかし本人もそのことを認めていますので、そういう人物であることを理解した上で、分析の結果を見れば問題はないでしょう。私の政治的な信条はライト教授とは異なりますが、この本の分析は大変評価しています。また、アメリカ人がアメリカ経済に関して異議を唱えているという点も、価値があると思います。

さて、Low road capitalismの経営戦略の根本的な哲学は「価格の競争」です。コストを下げて、市場を拡大するのです（図表2−7）。

Low road capitalismの商品やサービスは大量生産のものが主流になります。これらはマーケットによって細分化される度合いが低く、一般大衆を主な対象とした市場で流通します。

一方、Low road capitalismの仕事は、1人ひとりの役割が細分化され、特化した仕事が多い、分業制的な仕事です。特化している分野のスキルは高くても、そのスキルの使える幅が狭く、総合スキルの度合いは低いという特徴があります。作業として同じことをずっと繰り返すものが多いとされています。

そのため労働者が受ける研修は、各人が任されている作業に特化しており、非常にフォーカスされ具体的で、応用の度合いが相対的に低いスキルの習得を目的としたものになります。繰り返す単純作業をこなすためのスキル取得が目的です。研修期間は短く、主に企業によって提供されます。

Low road capitalismでは、仕事の自主性も低く、管理者と労働者は明確に分かれており、管

図表2-7　2つの資本主義の特徴

	低生産性・低所得	高生産性・高所得
競争の源	主に価格	主に品質
商品の特徴	マス市場 同類の商品	専門性の高い、カスタマイズされた商品
典型的な作業	特定化された作業	マルチタスク
スキル	低い	高い
研修	作業に特化されたスキル 具体的な技術	特定な作業を超える メタスキル
研修プロセス	短い 企業が提供	生涯学習と再研修 企業と公共機関
仕事の自主性	低い	高い
階級組織	管理職と労働者の明確な区別 管理職の階級は複数	労働者と管理職の壁が低い 階級は少ない
所得	相対的に低い	相対的に高い

理する側の層が厚くなることが多いため、肩書き主義とも表現されます。

このような特徴を持つため、Low road capitalismは付加価値が低く、新しいテクノロジーが登場すると仕事が奪われることが多く、賃金レベルが相対的に低くなります。

「いいものをより安く」は、この哲学の表現の1つです。

High road capitalism

一方、Low road capitalismの対極になるHigh road capitalismでは、経営戦略の根本的な哲学は「価値の競争」です。市場を細かく分けて、セグメントごとにカスタマイズされた商品やサービスで競い合うのが競争の原理になります。商品とサービスの種類が多くて、価格設定も細かく分かれています。

High road capitalism の企業はある商品をいかに安く作るかよりも、作るものの品質や価値を相対的に重視する戦略をとります。他の商品にはない差別化要素であったり、機能面の優位性であったり。とりわけ、どこまで効率よく付加価値を創出できるかを追求するのが、経営の基本になります。

もっとも安いものではなく、ベストなものを作る。そのスタンスの裏には、顧客は自分のニーズにより合っているものに、プレミアムな価格を払ってくれるという信条が存在します。

High road capitalism の場合、労働者はいくつもの種類の仕事（マルチタスク）をこなせる上、高いレベルのスキルを持っています。

また、彼らのスキルの中心は「メタスキル」です。メタスキルとは、特定の仕事をこなすための、専門性は高いけれど他には応用できないスキルではありません。たとえば他のスキルを取得するためのスキルなどを言います。

あるコンピューターのソフトウェアを使いこなすといったスキルではなく、マーケティング能力や、調査・分析能力、問題解決能力や人を説得する能力。仕事をこなすのではなく、仕事を改善する能力。組織の論理に追従するスキルではなく組織を変える能力。このように「広く応用できるスキル」がメタスキルです。

High road capitalismでは生涯学習を通じて、常にスキルをアップさせることが求められます。

High road capitalismの企業では、たとえば新しいテクノロジーが誕生するたびに、上司から部下まで全員に向けて再研修・再教育が行われます。事業者だけではなく、国を挙げて取り組むケースも多く、新しい技術の普及を促進する場合、公共機関も大きな役割を担います。

High road capitalismの企業では、管理側と労働側の壁が低く、労働者から社長までの階層が少ないです。そのため、一般社員の給料の水準は相対的に高くなります。High road capitalismは国全体の付加価値を増やして、それを分配するのですが、労働者へも高い比率で分配されます。

簡単に言えば、「よりいいものをより高く」です。

Low road capitalismに移行すると、一時的に利益が増える

日本では、1992年以降、GDPが横ばいで推移しており、ほとんど増やせていません。一方、その間、金利は大きく下がったため、預金者への分配がほとんどゼロになっています。

図表**2-8**　1990年代からの経営戦略

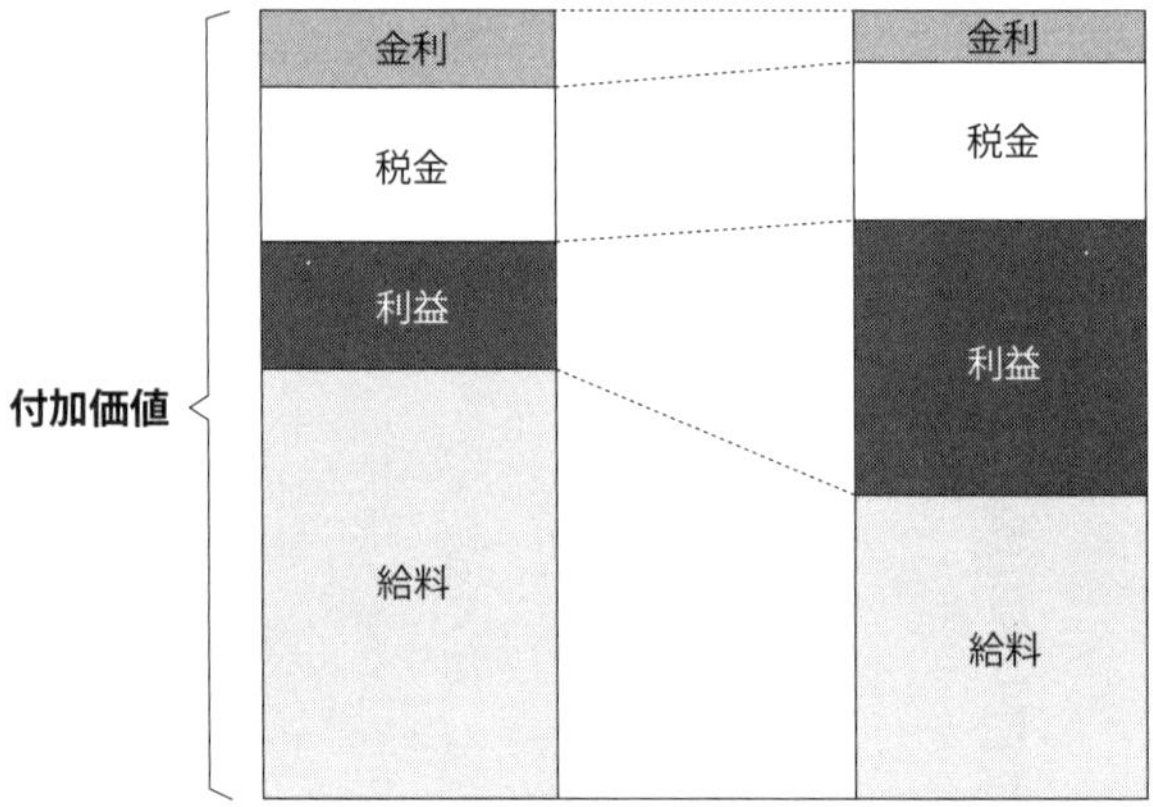

さらに悪いことに、その間、企業は労働者の給料を減らし続けてきました。その結果、GDPが増えていないにもかかわらず、企業の利益だけは増えています（図表2－8）。

資本主義の本来の目的は、国民の生活水準を高めることです。もちろんGDPが増え、同時に企業の利益も増えるのが理想ですが、GDPが増えることと企業の利益が増えることのどちらが大事かといえば、間違いなくGDPです（図表2－9）。

1990年代に入ってからの日本の戦略は明らかに、High road capitalismからLow road capitalismへの移行でした。おそらくその意識はなかったと思いますが、事実は事実です。日本の生産性は1990年に世界第10位でしたので、

図表2-9　本来あるべき経営戦略

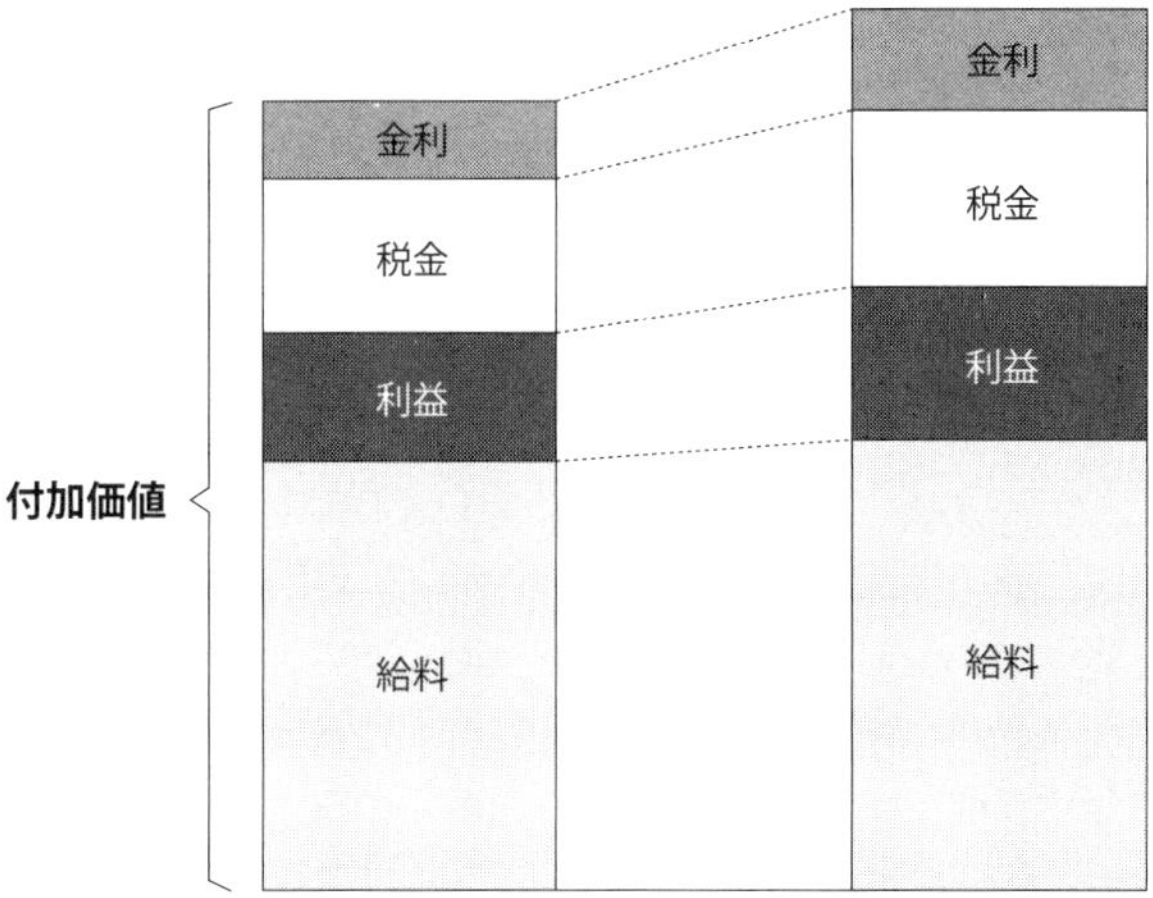

このときにはまだ高生産性・高所得経済でした。しかし、今は第28位です。低付加価値・低所得経済に完全に移行してしまっています。

実は、企業がHigh road capitalismからLow road capitalismに移行すると、一時的に利益が増えることが確認されています。

研修費や設備投資、社員の給与、研究開発費などを削れば、一時的には利益が増えます。しかし、この行為は将来に対する投資を削ることそのものなので、企業の継続性を低下させてしまいます。

結果的に、国への貢献度も低下するので、国の社会保障制度の維持が困難になります。人口増加時代ではLow road capitalismでもやっていけますが、人口減少時代ではLow road capitalism は国が滅びる近道です。人口減少時代では High road capitalism しか選択肢はないのです。

アメリカを手本にするのを止めよ

日米同盟の影響もあるのか、こと経済に関しては、日本はアメリカを意識しすぎているように感じます。たしかに、アメリカは長年高い率でＧＤＰが成長し続けていますし、そもそも世界最大のＧＤＰを誇る経済大国です。それらを表面的に見ていると、アメリカの戦略を真似したい気持ちになるのも、わからなくはありません。

しかし冷静に考えると、世界規模で見た場合、アメリカ経済は非常に特殊なのがわかります。たとえば、アメリカは Low road capitalism と High road capitalism を同時に実施しています。ドイツやスイス、オランダ、シンガポール、香港など、High road capitalism に特化している国とは戦略が大きく異なります。

アメリカが Low road と High road を同時に実施している理由は、上層の教育水準の高さと下層の水準の低さの格差という問題を抱えながらも、毎年人口が増加し続けているためです。つまり、増える人口分の雇用を創出するのに苦労しているのです。

また、アメリカでは社会保障制度が充実していないので、国が社会保障費の心配をする必要がなく、High road capitalismに移行する動機が欧州ほど働かない点も重要です。

かつての日本も、アメリカ型の経済でした。急激に人口が増加していたので、アメリカと同じ戦略を選ぶのにも合理性があり、実際正しい選択だったようにも思います。

しかしこれからは違います。日本は人口減少時代に突入するので、どちらかといえば欧州型の経済に変わりつつあるのです。今こそ、戦略の転換が必要です。

日本はHigh road capitalismへ移行できる

すでに紹介しましたが、世界的な評価機関の評価でも、日本の労働者の質は世界第4位です。人材の質の高さだけではありません。特許の数などからも、技術力の高さが確認できます。また、インフラも整備されています。

つまり、High road capitalismへ移行するための素質は、すでに備わっているのです（図表2−10）。

しかし、日本の付加価値は低いのが実態です。

繰り返しますが、かつての日本では人口がすごい勢いで増加していたので、1人ひとりの日

図表**2-10**　OECD諸国の「人材の質」ランキング

ランキング	国名	評価点
1	フィンランド	85.86
2	ノルウェー	84.54
3	スイス	84.51
4	**日本**	**83.44**
5	スウェーデン	83.29
6	ニュージーランド	82.79
7	デンマーク	82.47
8	オランダ	82.18
9	カナダ	81.95
10	ベルギー	81.59
11	ドイツ	81.56
12	オーストリア	81.52
13	シンガポール	80.94
14	アイルランド	80.79
15	エストニア	80.63
16	スロベニア	80.33
17	フランス	80.32
18	オーストラリア	80.08
19	イギリス	80.04
20	アイスランド	79.74
24	アメリカ	78.86
32	韓国	76.89
34	イタリア	75.85
44	ギリシャ	73.64
45	スペイン	72.79

出所：World Economic Forum 2016のデータより筆者作成

本人の生活水準は高くならなくても、国力の基礎となるＧＤＰは成長していました。しかし、そんな時代はもう終わったのです。

日本にはHigh road capitalismに移行すべき明確な理由が、いくつも揃っています。

1　社会保障制度の維持と充実のために、生産性を高めなくてはならない
2　国の借金の問題を解消するために、生産性向上が不可欠である
3　経済を成長させるためには、どの先進国より高い生産性向上を実現する必要がある

日本でHigh road capitalismを実現するためには、まずは意識を変えて、国を挙げてコミットする必要があります。民間企業だけでできることではありませんし、国による養成教育や生涯学習戦略も不可欠です。民間企業がHigh road capitalismに移行するための設備投資には、政策による支援も必要でしょう。

古臭い原則を捨てろ

生産性向上のための意識改革の必要性に関して、非常におもしろい発見がありました。見つけた場所は、日本生産性本部のホームページです。ホームページによると、公益財団法人日本生産性本部は事業規模が約100億円、職員数は約250人です。

この法人の目的は、以下のとおりと書かれています。

社会経済システムおよび生産性に関する調査研究、情報の収集及び提供、普及及び啓発、研究会、セミナー等の開催を行うことにより、社会経済システムの解決に資するための国民的な合意形成に努めるとともに、グローバル化に対応した対外活動を展開し、国民経済の生産性の向上を図り、もってわが国経済の発展、国民生活の向上及び国際社会への貢献に寄与することを目的とする。

日本生産性本部のホームページには、「生産性運動の3原則」というものが掲載されています。昭和30年5月に制定されたもので、今でも原則として堅持されているようです。

その原則は、以下のとおりです。

1　雇用の維持・拡大

2　労使の協力と協議

3　成果の公正な分配

昭和30年当時は、これらが正しい政策だったことは間違いありません。

しかし、この日本生産性本部が掲げている3つの基本的な原則が、人口減少時代にもふさわしいとは考えがたいです。第5章でこの3原則をより詳しく検討しますので、ここではポイントだけを記しておきます。

生産性向上の究極の目的は「雇用の維持・拡大」であるとあります。高度成長の時代、まさに人口増加時代にふさわしい、正しい認識だと思います。とにかく増える生産年齢人口に向けて、どう仕事を作るかは、国にとって最大の課題だったのでしょう。

2番目の「労使の協力と協議」は、人口要因によって成長しやすい環境にある経済を、スムーズに効率よく成長させるための手段です。「力を合わせて、無駄のないように、集団行動で摩擦を起こさず、仲良くやりましょう」という精神です。まさしく高度成長時代に求められていた仕組みです。

3番目の「成果の公正な分配」は、みんな仲良くするかわりに、成果を公正に分配するという約束でしょう。いわば、ご褒美です。

これらの原則はいまだに、人々の頭の中に生きています。そして、これらこそが、生産性向上の意識が低いという問題の根源の1つになっています。

この古い意識のままでは、国の発展を期待するのは不可能です。この3原則を完全に変える必要はありませんが、大きく調整する必要があります。

なんといっても、日本生産性本部ですから、ここが変わらないことには何も始まらないでしょう。

今後、日本生産性本部にはもっと高度な意識と、それを実現するための具体策が求められます。

経営者を自由にすると日本は三流先進国に成り下がる

今、日本は大変危機的な状況におかれています。

日本はすでに先進国の中でも、二流と評価されています。下手をすれば、さらにランクを下げて、ギリシャ、スペイン、イタリアなどのような三流先進国に降格する可能性すらあるのです。事実、日本の労働生産性はギリシャより3％高いだけで、イタリアやスペインより低いのです。労働者1人当たりの生産性で見ればすでに三流です。ただ、失業率が低いという点が、ギリシャ、イタリア、スペインより上であるだけなのです（図表2－11）。

ここに、日本政府が、企業に賃上げ戦略への転換を求める理由があります。しかし目先のことだけを考えれば、企業には賃上げ戦略に転換するインセンティブがありません。ただお願いするだけでは、そう簡単に戦略を切り替えてくれるはずもありません。

市場原理に任せてしまうと、日本経済の行く末は真っ暗です。国民にもとんでもなく大きな負担がかかってきます。そうならないように、政府は政策をHigh road capitalism、すなわち高生産性・高所得資本主義に転換し、企業を賢く主導する必要があるのです。

図表2-11　労働者の生産性（労働者1人当たりGDP）ランキング

順位	国名	生産性（米ドル）	順位	国名	生産性（米ドル）
1	ルクセンブルク	227,827	16	スウェーデン	100,072
2	カタール	176,717	17	デンマーク	99,678
3	ブルネイ	163,166	18	オーストラリア	98,966
4	シンガポール	162,610	**19**	**イタリア**	**98,458**
5	アイルランド	159,335	20	オーストリア	97,929
—	マカオ	146,352	21	ドイツ	95,345
6	サウジアラビア	143,342	22	フィンランド	94,710
7	クウェート	135,815	23	バーレーン	94,386
8	ノルウェー	134,569	24	マルタ	92,637
—	プエルトリコ	126,543	**25**	**スペイン**	**91,154**
9	**アメリカ**	**120,184**	26	カナダ	90,626
—	香港	112,983	27	アイスランド	86,507
10	ベルギー	110,762	28	イギリス	86,343
11	スイス	107,803	**29**	**日本**	**83,233**
12	フランス	106,611	30	イスラエル	81,433
13	オマーン	105,034	31	赤道ギニア	80,700
14	オランダ	102,508	32	ギリシャ	80,449
15	アラブ首長国連邦	102,493	33	韓国	74,379

出所：世界銀行のデータ（2016年）より筆者作成

参考文献

E. Wesley F. Peterson, "The Role of Population in Economic Growth," SAGE Open, October 11, 2017.

Michael Jacobs, "A New Form of Capitalism," Fabian Society, January 3, 2018.

Darius Ornston, "When the High Road Becomes the Low Road: The Limits of High-Technology Competition in Finland," *Review of Policy Research,* Vol.31, No.5, 2014.

Erik Olin Wright and Joel Rogers, *American Society How It Really Works,* Chapter 9: High-Road Capitalism, W.W. Norton, 2010.

Robert D. Atkinson, "Competitiveness, Innovation and Productivity: Clearing up the Confusion," The Information Technology & Innovation Foundation, August 2013.

"Lifting the Trophy: Scale-Up Insights Into the Productivity Prize," Confederation of British Industry, July 2016.

José Luis Iparraguirre D'Elia, "The Five Drivers of Productivity. How Much Does Each One Contribute? Causal Analysis of Regional Labour Productivity in the UK," ERINI Monographs, No.14, September 2006.

第3章

海外市場を目指せ

——日本は「輸出できるもの」の宝庫だ

PARADIGM SHIFT 3

供給過剰を調整するための輸出振興

　デフレ圧力を緩和するには、人口減少と高齢化による供給過剰を調整することが必要だ。

　過剰になった供給の一部は、輸出に振り向けることによって調整できる。

　輸出は生産性向上にも大きく寄与するが、輸出するためには事前に生産性を向上させる必要がある。

第2章では、何をおいても「生産性向上のための意識改革」が必要だと説明し、High road capitalismへの転換を提言しました。第3章からは、より具体的な対策について考えていきましょう。

私は、第1章でご説明した強烈なデフレ圧力に対抗するには、量的緩和だけでは効果が薄いと考えています。もっと根本的な対策が不可欠で、「需要が足りないから、量的緩和をして需要を喚起する」といったシンプルな政策では限界があるからです。

第1に重要なのは、供給過剰への対策としての「輸出の拡大」です。つまり、人口減少と高齢化によって買ってもらえなくなったモノやサービスの一部を、海外に売るのです。言い換えれば、供給に対する内需の減少を補うために、海外に需要を求めるということです。

この第3章では、その対策を探ります。そして輸出を拡大するには結局、第2章で説明した「高付加価値・高所得経済」への転換が避けられないことを説明していきます。

民間は供給調整が得意ではない

これからの日本は、需給のバランスがさらに崩れていきます。第1章で説明したように、民間経済は、需要が減っても供給を減らすのは苦手だからです。

人口が伸びているときは、需要が増える形で需給のバランスが崩れます。しかし、増えた需要を吸収するために、企業などは追って供給を増やすので、結果的に需給バランスが調整されます。このときは経済自体が成長するので、供給を増やすことはある意味、建設的で夢のある仕事となります。利益増にもつながり、皆が進んでやるので、調整が進みやすいのです。

一方、人口減少によって需要が構造的に減ると、それに対応するための供給削減はそう簡単には進みません。このプロセスを民間に任せると、社会の負担がきわめて重くなります。

すでに説明したように、10社が存在できる規模の需要がある市場が、8社しか生き残れないボリュームに減ると、激しい競争が起きます。どの会社も自ら進んで廃業しようとはしないため、10社ともライバルを蹴散らし、Last man standing利益を得ようとします。結果的に、需給バランスの調整が難しくなるのです。

このように人間の心理も絡んでくるので、人口減少がもたらすデフレ圧力は、人口増加によるインフレ圧力より圧倒的に強くなるのです。供給を減らすのを嫌がり、企業が設備を減らさないと、需給ギャップがますます大きくなります。その結果デフレが加速し、デフレスパイラルに陥る可能性も高くなります。

内需で余る分は可能なかぎり輸出に向けろ

人口が減少する日本では、あらゆるものの国内需要がさらに減少します。理屈上、それにともない、設備が過剰になるので、必要のなくなったものから順次削減するべきです。

しかし、実際に設備をなくしてしまう前に、1つだけ検討するべきことがあります。輸出の拡大です。国は、不要になる設備や商品を、徹底的に調査・分析するべきだと思います。人間の数の減少や高齢化によって不要になる設備を算出し、その中から輸出に回せる設備を洗い出して、それを使った輸出を支援すればいいのです。

いろいろな人とお話をしていて感じるのですが、どうも日本では自分の国が輸出大国だと思い込んでいる人が多いように思われます。たしかに日本の輸出総額は世界第4位で、世界でも上位に位置しています（図表3―1）。しかし、常々お話ししているように、それはあくまでも総額の話です。

日本は先進国の中ではアメリカに次いで人口が多く、それにともない経済規模も大きいので、輸出の総額が大きくなるのはある意味当たり前です。問題は、人口1人当たりに直したときの輸出額です。

この人口1人当たりで比較する考え方を説明する際、私はよくオリンピックのメダル獲得数の話を使います。イギリスはロンドンオリンピックで29個の金メダルを獲得しました。2020年の東京オリンピックで、日本チームが30個の金メダルをとればイギリスを上回ると言う人がいます。たしかに30個は29個より多い、それは間違いありません。

しかし、日本の人口は1億2700万人で、イギリスは6600万人です。この人口の違いを考えると、イギリスに本当に勝つためには、30個ではなく56個の金メダルをとらないといけない計算になります。

輸出も同じです。日本の輸出総額はたしかに大きいのですが、人口8200万人のドイツの輸出額は日本の約2倍です。

図表3-1　各国の輸出状況

国名	輸出額（10億ドル）	人口（人）	1人当たり輸出額（ドル）	対GDP（名目）比率（%）
中国	2,157.0	1,409,517,397	1,530.3	19.6
アメリカ	1,576.0	324,459,463	4,857.3	11.9
ドイツ	1,401.0	82,114,224	17,061.6	46.1
日本	**683.3**	**127,484,450**	**5,359.9**	**16.1**
韓国	577.4	50,982,212	11,325.5	42.2
フランス	551.8	64,979,548	8,491.9	29.3
オランダ	526.4	17,035,938	30,899.4	82.4
イタリア	499.1	59,359,900	8,408.0	29.8
香港	496.6	7,364,883	67,428.1	187.4
イギリス	436.5	66,181,585	6,595.5	28.3
カナダ	433.0	36,624,199	11,822.8	31.0
メキシコ	406.5	129,163,276	3,147.2	38.2
シンガポール	372.9	5,708,075	65,328.5	172.1
台湾	344.6	23,626,456	14,585.3	59.5
ロシア	336.8	146,989,754	2,291.3	25.7
スイス	336.8	8,476,005	39,735.7	65.8
上記計	11,135.7	2,560,067,365	4,349.8	25.3

出所：CIAのデータ（2017年）より筆者作成

人口1人当たりの輸出額を見ると、実は日本は世界で第44位でしかありません。対GDP比ではさらに下がって第117位です。

総額では輸出大国に見える日本は、相対的に見ると実は輸出小国なのです。日本のGDPの規模からすると、日本経済の輸出の潜在能力は十分に発揮されていないのです。

日本では戦後、人口が爆発的に増え、それにともない国内の市場が猛烈なスピードで拡大しました。そのため、日本の企業は国内市場を相手に商売をしていれば十分に成長できたため、海外市場に輸出する必要がなかったのは事実です。

しかしこれからは違います。人口が大きく減少するため、国内市場向けに作られてきた設備が余剰になります。すべてを活用することはできませんが、その一部を有効に使うために、海外への輸出を増やしていくべきです。

気概がなく貧乏くさい反論

日本は輸出を増やすべきだという話をすると、だいたい次の3つの反論が沸き上がります。

1 「大国は輸出比率がそもそも低い」

この反論を口にする人は、おそらくアメリカのことを念頭においているように思います。たしかに、世界一の経済大国であるアメリカは、対GDPで見れば、決して輸出大国ではありません。

しかし、日本の学者は世界の状況を考える際、アメリカばかりを見る癖があり、世界＝アメリカという考えの方が多すぎるように感じます。当たり前ですが、世界にはアメリカ以外にもさまざまな国があります。ここでは詳しく説明しませんが、その中で、アメリカという国は決して標準的な国ではなく、むしろ例外的で特殊な国であると認識するべきです。ですから、アメリカを基準に何かを語ると、かなり偏った話になってしまいます。

世界銀行によると、世界のGDP総額に対する輸出総額は、平均して41・07％（2016年）。先進国で輸出額第3位のドイツは、46・1％です。

世界のGDPの大半は先進国が占めています。ですから、世界のGDPに対する輸出額が4割強だということは、先進国のほとんどの国は相当量の輸出をしていることを示唆しています。だから、アメリカを持ち出して「経済大国は輸出比率が低い」というのは乱暴な議論なのです。

特にこれからのことを考えると、アメリカとの比較でものごとを考えるのは、ますます不適切になります。

人口が継続的に増えて、内需だけで十分なアメリカ経済と違って、これから日本では人口が減ります。アメリカとの人口の差がどんどん開いていき、日本はこれから、欧州各国の規模に収斂していきます。なので、日本も輸出を増やすことは自然な流れです。

日本は高い技術力を競争力にしている国の1つです。ドイツやスイスなどが典型例ですが、高い技術を柱にしている国は輸出比率が相対的に高くなる傾向があります。その意味でも、日本がさらに輸出を増やすのは、不自然なことでも、無理なことでもまったくありません。

2「ドイツはEUだから」

次の反論は「ドイツの輸出比率が高いのはEU加盟国だから」というものです。たしかにドイツの輸出比率の高さの要因の1つは、EU域内に関税ゼロで輸出できる環境にあることです。しかし、それはすべての説明にはならない上、EUを作って独自のマーケットを確保し、展開してきた努力を否定する必要もありません。だったら、日本も同じ環境を作ればいいだけの話です。TPPはまさにその一環ではないのでしょうか。

3 「輸出を増やせと言われても、中国との競争には勝てない」

この反論はいかにも日本的な考え方だと思います。日本は途上国ではないので、本来、中国との競争を念頭におくべきではありません。ドイツにしても、別に中国と競争しているわけではありません。

中国が作って輸出しているものの多くは付加価値の低い、過去の技術を使った商品です。成長著しいとはいえども、中国はまだまだ途上国なので、最先端技術を使った付加価値の高い商品の比率は高くはありません。

あらためて言うまでもなく、日本は先進国です。その先進国である日本の輸出を増やす話をしているときに、中国を競争相手として考える発想自体に問題があります。

中国は賃金の安い労働力を武器にした、低付加価値商品の世界です。中国が日本の競争相手になるという考え方の裏には、日本の労働力を安く使い、価格競争をするという発想があるように思えてなりません。

そこからは付加価値で競争する気概は一切感じられず、貧乏くささしか漂ってきません。第2章で説明した日本の経営者の意識の問題が、まさにここに垣間見えます。

すでに成功している輸出戦略がある

このようにいろいろな反論がありますが、四の五の言わずに、人口が減ることで不要となる設備を見極め、それらをどう輸出に転用するか、その仕組み作りに頭を使うべきです。

多くの人は気がついていないのですが、実はこのプロセスの実験はすでに行われています。訪日外国人、すなわちインバウンドを増やす観光戦略です。訪日外国人を増やす観光戦略は、国外の人に日本で外貨を使ってもらうという意味で、立派な輸出産業です。

日本にある文化財や国立公園などの観光資源は、少し前まで訪問者も利用者もほとんどが日本人でした。また、ホテルや温泉旅館などの宿泊施設やスキーリゾートなども、日本人観光客によって成り立っていました。

ところが、1990年代以降、特に若者が少なくなるのにともない、観光業界全体が衰退し始めました。

そこで、安倍政権は日本人観光客が来なくなった地方の観光資源を再活性化するために、新たな需要者を求めて、訪日外国人客を呼び込むインバウンド戦略を展開しました。

海外の市場を分析し、問題点を把握・解決して、どの国のどういう層の人たちに、どういう情報を発信すれば、海外からの観光客を日本に呼べるかを考え、実行したのです。

今、政府は2020年に4000万人、2030年に6000万人の外国人を迎えることを目標としています。少し前まで、訪日外国人は1000万人にも届いていませんでしたので、この目標を懐疑的に見ていた人も少なくありませんでした。しかし2018年は3000万人を超える勢いで推移しており、この目標の達成も現実味を帯びてきています。日本の観光資源を「輸出」することによって需要を喚起し、活気を取り戻したのです。

この観光産業での成功を見習って、全産業が輸出の拡大を試みるべきです。すべての過剰供給の問題の解決策にはなりませんが、供給過剰の一部を削減しなくてすみます。つまり、需要不足の問題の一部にとっては、有効な解答になるはずです。

輸出と生産性の深い関係

当然のことながら、輸出の増加は日本の最大の課題である「生産性向上」にも大きく貢献します。

事実、GDPに対する輸出比率の高い国は、生産性が非常に高い傾向が確認できます（図表3

図表**3–2**　各国の生産性と輸出比率

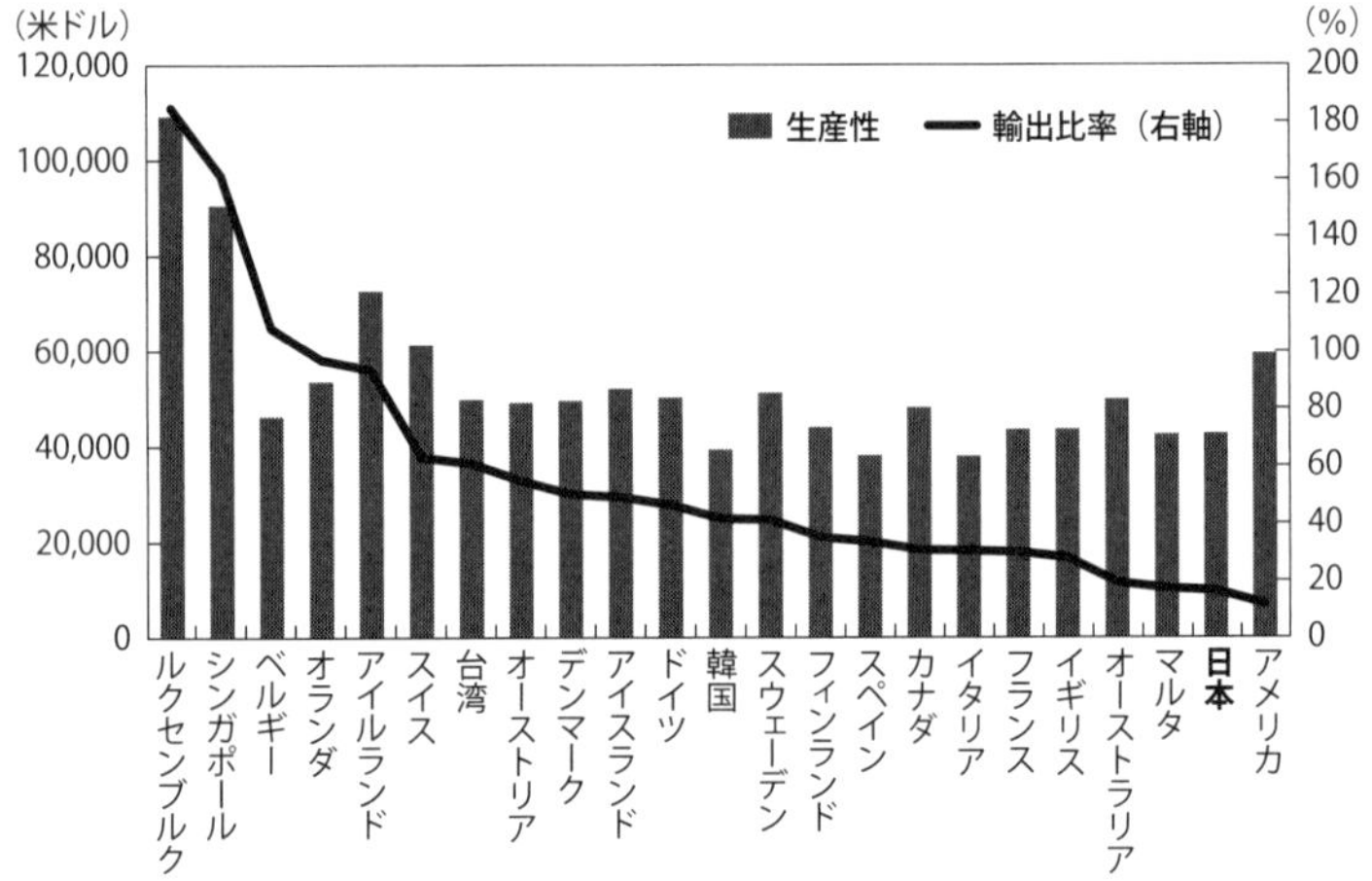

出所：世界銀行、IMFのデータより筆者作成

－2）。先進国で見ると、輸出比率と生産性との間に0・845というきわめて強い相関係数が確認できます（相関係数とは、関連性の強さを表す統計指標。1からマイナス1までの値をとり、1に近いほど正の関連性が強く、マイナス1に近いほど負の関連性が強い。0に近くなるほど、関連性が弱くなる）。また、企業ベースでも輸出をしている企業のほうが、輸出をしていない企業より生産性が高いことも世界中で確認されています。

　これはある意味、当たり前のことです。国内市場だけでなく、より多くの市場で売ることができるのであれば、開発コストなどをより多くの需要者に負担してもらうことができます。さらに、より多くの人に売ることができれば規模の経済が働くと考えられるからです。

理屈はそのとおりです。しかし、そんなに簡単にできるのかという疑問を抱かれた方もいらっしゃるのではないでしょうか。

海外の大学などでは、輸出と生産性の相関が強くなる因果関係が詳しく分析されています。この分析の中で、日本にとって特に重要な論点は、以下の３つです。

・輸出をするから生産性が高くなるのか、それとも生産性が高いから輸出が伸びるのか
・輸出をすることによる学習効果があるのかどうか
・学習効果などによって、生産性は継続的に向上するか

アメリカのThe National Bureau of Economic Researchがまとめた「Exporting and Productivity」によると、生産性と輸出には強い相関があることが確認されています。また、ドイツのLüneburg大学が33カ国を分析した結果からも、同じ結論が得られています。

しかし、アメリカの分析では、輸出をすることによって生産性が向上するのではなく、すでに生産性の高い企業が輸出をすると結論づけています。

この分析の興味深い点は、次の文章に集約されています。

"Plants that always export are 8-9% more productive than plants that never export. New entrants into exporting start with productivity levels significantly above non-exporters but significantly below continuing exporters. However, the productivity levels of entrants rise before and especially during the year of entry. By the end of the five years window their productivity levels are not significantly below those of plants that exported throughout."

（訳）新しく輸出を始める企業の生産性は、すでに輸出をしている企業より低いものの、輸出をしない企業より高い。輸出を始める前、とりわけ輸出を始める年に生産性が大きく高まるが、5年が過ぎたところでは生産性向上の効果はほぼ出尽くしている。

つまり、輸出をすることによって生産性が高まるという仮説は否定されているのです。海外に輸出すること自体は、生産性の高さの重要な要因ではないのです。輸出をしたいという意思のほうが重要で、それが生産性の高さの秘訣だそうです。

先ほどの分析の中では、海外に輸出することによって市場の流れがよりよく把握できるようになり、生産性が継続的に向上するという仮説については、確認することができなかったとあります。つまり、学習効果はないと断言しているのです。

人口規模が大きいにもかかわらず輸出大国でもあるドイツの例も見てみましょう。Lüneburg大学が発表した「Exports and Productivity in Germany」によると、先ほど紹介したアメリカの分析とほぼ同じ結果が出ています。

すなわち、輸出をする企業は輸出をしない企業より生産性が高い。興味深いことに、売上に占める輸出比率の高低にかかわらず、輸出をしてさえいれば生産性が高いという結果になっていて、これもアメリカの結果と同じです。

ここでも、輸出をする企業は生産性が高いのですが、輸出をするから高くなるのではなく、生産性の高い企業が輸出するということが示唆されています。ドイツの分析も学習効果は否定しています。

今回さまざまなデータを確認したのですが、ドイツで輸出をしている企業の割合の高さにはびっくりさせられました。2004年のデータなのですが、ドイツの製造業企業のうち、65・5％の企業が輸出をしていて、売上の29・5％を自国外で稼いでいるのです（図表3－3）。

図表3–3　ドイツの製造業における輸出企業の特徴

年	売上に占める輸出（%）	生産性		社員数の平均（人）		人的資本	
		輸出		輸出		輸出	
		しない	する	しない	する	しない	する
1995	22.53	124,016	132,433	64.71	199.04	27,664	29,852
1996	23.56	126,149	135,923	64.62	193.74	27,614	30,186
1997	24.07	121,353	141,179	59.21	191.38	26,915	30,604
1998	24.57	124,167	147,148	60.12	193.87	27,015	30,976
1999	24.94	128,294	149,488	58.94	192.60	26,853	31,171
2000	26.10	127,553	152,632	60.48	192.46	26,943	31,529
2001	26.99	124,384	150,426	60.02	191.83	26,733	31,572
2002	27.92	123,490	151,273	59.51	185.25	26,837	31,544
2003	28.37	124,229	153,489	59.07	180.62	26,974	31,653
2004	29.47	126,646	162,165	58.05	179.36	27,056	32,120
伸び率（%）		2.1	22.5	−10.3	−9.9	−2.2	7.6

注：人的資本は給与、生産性は売上をベースに算出、単位：ユーロ
出所：Exports and Productivity in Germany

今紹介した分析に、日本が学ぶべき大事な示唆があります。

それは輸出に成功する企業の特徴に関してです。ドイツでは、輸出をしている企業の生産性が、輸出していない企業の1・3倍にもなっているのです。ただし、両者は企業の規模も大きく違っています。輸出をしている企業の1社当たり平均社員数は179・4人。それに対して輸出しない企業の平均は58・1人でした。企業規模と生産性の関係については、第4章でまた考察を進めていきます。

正しい輸入は生産性を高める効果あり

今回のこの本を書くにあたって、さまざまなデータを調べた結果、思いもよらなかったことを1つ勉強しました。それは、最近の研究で明らかになった「輸入」と生産性の相関です。

以前は、輸出は本国経済にとってプラスであっても、輸入は本国経済にはマイナスだというのが一般的な考え方でした。そのため、どの国も輸出を目指す一方、輸入を制限したがる傾向が今でもあります。しかし、輸出自体、言われるほどの素晴らしいものでもなく、輸入自体も言われるほど悪いことではないことが最近になってわかってきています。

もちろん、輸入が生産性向上につながることがあるといっても、何でもかんでも輸入すれば経済にプラスになるというわけではありません。何を輸入するかによります。

ハンガリーを対象にして行われた分析によると、1990年代の生産性向上のうち、30%は輸入によりもたらされたといいます。

しかし、先ほども述べたとおり、何でも輸入すれば生産性が向上するわけではありません。OECDの分析「How Imports Improve Productivity and Competitiveness」によると、intermediate goods and servicesの輸入が大事だという結果が出ています。

Intermediateとは、他の商品やサービスの成果品を作るための商品やサービスのことを意味しています。つまり、原材料ではなくて、部品などの中間財のことです。

また、「Imports, Productivity and Global Value Chains: A European Firm-Level Analysis」というレポートには、1万4000の欧州企業を分析した結果が紹介され、次の結論が導かれています。

1　Intermediate商品の輸入は、生産性向上との相関が強い
2　生産性の高い企業ほど、輸入による生産性向上効果が大きい
3　輸入による学習効果は認められる

3に関しては、学習効果は既製品より、カスタマイズされた商品を輸入するほうが大きく、また、途上国より先進国から輸入したほうが生産性向上につながるとされています。

この分析を裏づけるもう1つのレポートが「The Effect of Imports and Exports on Total Factor Productivity in Korea」です。

この論文ではどのような輸入が生産性向上につながるかを分析しています。これによると、capital goods（資本財）やconsumer goods（消費財）の輸入が生産性の向上に大きく貢献し、原材料は貢献しないとされています。

同時に、G7からの輸入による生産性向上への貢献が大きい反面、途上国からの輸入は貢献しないとしています。これは、先ほどと同様の結論です。

日本は輸入比率がきわめて低い

なぜ、ここで私が輸入と生産性の関係を分析した結果を紹介しているかというと、日本の輸入比率が輸出比率よりさらに低く、世界的に見てもきわめて低い水準だからです。

以前は原材料以外に関して、輸入は少ないほうがいいと考えられてきました。しかし近年、技術の進歩とグローバリゼーションの進展にともない、先進国から中間財を賢く輸入する政策には、大きなメリットがあることがわかってきました。

マスコミでよく報道されるとおり、日本は世界の先進国に電子部品などの中間財を非常に多く輸出しています。ｉＰｈｏｎｅなどのスマートフォンや自動運転車など、さまざまな革新的製品も、日本の部品がなければ作ることができないと、マスコミの論調はかなり自慢げです。

日本の部品が革新的製品に欠かせないのは事実で、それはそれで素晴らしいことです。

しかし、よくよく考えると、日本の中間財が優秀であればあるほど、世界の先進国は日本からそれらの輸入を増やします。先ほども説明したように、中間財の賢い輸入は生産性の向上につながります。つまり、他の先進国が日本から中間財の輸入を増やせば、その国の生産性を上げることができるのです。

言い換えると、中間財を世界の先進国に輸出しているということは、日本がそれらの国の生産性向上に大きく貢献していることになるのです。

一方で、日本の場合、高い技術力がありながら、生産性は世界レベルで見ると、とても低いままです。つまり、日本は中間財の輸出を通じて、他の先進国の生産性向上に貢献しながらも、自国の潜在能力を生産性の向上につなげられていないという、なんとも歯がゆい状況に陥っているのです。

日本も他の先進国からの中間財の輸入を増やすべきか否かについては、再考する価値があるかもしれません。なぜなら、輸出をするには生産性がすでに高い必要がありますが、日本があまりにも輸入しないことが生産性の向上を妨げている可能性があるからです。だとすれば、それこそが輸出が伸びない遠因となっているとも考えられます。

観光業も、まずはアジアからだった

日本の輸出を増やすのは、人口が減って過剰になる設備を有効利用する1つの方策になります。しかし、各種の分析の結果を見るかぎり、輸出を増やすのには、まず生産性を高めてからではないと難しいという結論が導かれます。

日本の生産性は、他国と比較すると相対的にかなり低いので、今のところ、多くの企業の場合、日本より生産性の低い国、すなわち途上国に輸出するのがもっとも現実的でしょう。日本の生産性が中国や他の東南アジアの国より高い産業なら、中国などがまだ開拓していない市場を開拓することも可能になります。

それを最初のステップにして、基礎を作っていけば、さらなる生産性向上が可能でしょう。このようにして生産性をさらに高めてから、世界の市場に打って出るのが、日本が今後たどっていくべきステップではないかと思います。

この理屈どおりに見事に実績をあげているのが、日本の観光戦略です。

私も『新・観光立国論』で分析したように、日本は観光資源大国であり、観光業の潜在力は非常に大きいと言えます。

日本の観光業の歴史を振り返ると、激増する国内需要だけで十分すぎるほどの需要があり、国内市場だけをターゲットに商売していた時期があったことがはっきりとわかります。しかし、この数十年、若い人の減少により、観光業界は衰退の一途をたどりました。設備投資も激減し、客観的に見ると付加価値の少ない、生産性の低い産業へと成り下がってしまいました。

「これではいけない」ということで、訪日外国人客を増やすインバウンド戦略が始められたのは、すでに説明したとおりです。その最初の礎《いしずえ》を築くため、距離的にも近いアジアの近隣諸国をターゲットに誘致戦略を展開した結果、これまでのところ、大量の観光客を誘致することに成功しています。このように、輸出のスタートとして途上国に打って出るのは、賢い戦略です。

たとえば、日本には宿泊料金の安い宿泊施設がたくさんあります。このような宿泊施設は、中国やタイなどからの観光客には予算的にもちょうどよく、また彼らにとっては十二分に満足のいくサービスと設備を提供しています。このような宿泊施設は国際的に見て付加価値は相対的に低いかもしれませんが、中国などよりは付加価値が高いからです。

しかし、これらの宿泊施設は、同じアジアの国のお客さんでも、香港やシンガポール、または中国の富裕層を満足させることはできません。それは日本の安い宿泊施設はシンガポールや香港の宿泊施設より、付加価値が低いからです。

アジアの国からの庶民レベルの訪日客を増加させる戦略も、もちろん大事です。しかし、観光産業の生産性を潜在能力にまで引き上げるには、アジアの富裕層と、先進国からの訪日客を増やすのが、日本の観光戦略の課題なのです。

先ほど説明したとおり、輸出をすることによって国内の生産性は高くなりますが、先進国との貿易を増やすことでその効果がもっとも高くなります。この理屈は、観光業にもあてはまるのです。

日本の観光戦略の次の一手に注目せよ

日本の観光戦略の生産性をさらに高くするには、アジアだけではなく、客単価が高くとれる先進国からの観光客を受け入れる態勢が不可欠です。たとえば、アメリカには755軒の5つ星ホテルがあります（図表3－4）。しかし、日本の5つ星ホテルはわずか28軒しかありません。

図表3-4　国別「5つ星ホテル」の状況

	「5つ星ホテル」数（軒）	人口（万人）	「5つ星ホテル」1軒当たり人口（万人）	外国人観光客数（万人）	「5つ星ホテル」1軒当たり外国人観光客数（万人）	観光収入（100万米ドル）	外国人観光客1人当たり観光収入（米ドル）
アメリカ	755	32,412	42.9	7,751	10.3	204,523	2,638.7
イタリア	176	5,980	34.0	5,073	28.8	39,449	777.6
中国	132	138,232	1,047.2	5,689	43.1	114,109	2,005.9
イギリス	129	6,511	50.5	3,444	26.7	45,464	1,320.2
フランス	125	6,467	51.7	8,445	67.6	45,920	543.7
タイ	110	6,815	62.0	2,988	27.2	44,553	1,491.0
メキシコ	93	12,863	138.3	3,209	34.5	17,734	552.6
インド	84	132,680	1,579.5	803	9.6	21,013	2,617.8
スペイン	84	4,606	54.8	6,822	81.2	56,526	828.6
カナダ	78	3,629	46.5	1,797	23.0	16,229	903.1
アラブ首長国連邦	78	927	11.9	999	12.8	16,308	1,632.4
スイス	71	838	11.8	931	13.1	16,198	1,740.8
ギリシャ	68	1,092	16.1	2,360	34.7	15,673	664.1
ドイツ	64	8,068	126.1	3,497	54.6	36,867	1,054.2
オーストラリア	62	2,431	39.2	744	12.0	29,413	3,951.2
インドネシア	57	26,058	457.2	1,041	18.3	10,761	1,033.9
トルコ	55	7,962	144.8	3,948	71.8	26,616	674.2
モルディブ	36	37	1.0	123	3.4	2,567	2,080.2
南アフリカ	35	5,498	157.1	890	25.4	8,235	924.9
アイルランド	32	471	14.7	881	27.5	4,793	543.9
ポルトガル	29	1,030	35.5	1,018	35.1	12,606	1,238.8
日本	**28**	**12,632**	**451.2**	**2,490**	**88.9**	**30,000**	**1,204.6**
モロッコ	27	3,482	129.0	1,018	37.7	6,003	589.9
シンガポール	27	570	21.1	1,205	44.6	16,743	1,389.2
ニュージーランド	26	457	17.6	277	10.7	8,910	3,214.3
ベトナム	26	9,444	363.2	794	30.6	7,301	919.1
オーストリア	24	857	35.7	2,672	111.3	18,303	685.0

出所：Five Star Alliance、UNWTOのデータ（2015年）より筆者作成（日本は2016年データ）

バリ島という1つの島の42軒より少ないのです。

高い料金でもお客が喜んで泊まってくれる、生産性の高いホテルが日本には足りません。これは、日本の観光業の生産性がまだ低いことの象徴でもありますが、同時に富裕層と先進国からの訪問者を増やせていない原因の1つでもあるのです。

ようやく最近になって、日本でも外資系ホテルの誘致が進んでいます。この動きは少し観点を変えてみると、観光戦略を実現するためにホテルという中間財を輸入し、生産性向上につなげているという解釈もできます。

さらに、日本の各観光地では現在、文化財の他言語対応、国立公園の再整備、アクティビティの創出、スキーリゾートの再整備、Ｗｉ－Ｆｉの整備、洋式トイレの整備など、さまざまな取り組みが進められています。これらは設備投資によって付加価値を高めてから輸出を増やし、生産性を向上させる取り組みそのものです。これらによって、訪問者の数を増やすだけではなく、単価のさらなる向上にもつながります。

政府は、２０２０年に４０００万人から8兆円、２０３０年には６０００万人から15兆円のインバウンドの観光収入を目標に設定しています。つまり観光客１人が使うお金を現行の約

16万円から20万円、そして25万円まで増やすという目標を掲げているのです。
生産性向上を実現するための設備投資も盛んに行われています。輸出によって生産性が高くなるのではなく、輸出をする前、そして輸出を始めるときに生産性を高めて初めて、輸出ができる。「輸出をしたい」と考え、「輸出する」と決めるまさにその時期こそ、もっとも生産性が向上する時期なのです。
日本の観光戦略は、この第3章で紹介したとおりの輸出戦略を実行しています。

ここまで、人口減少に対応するために輸出を増やすことは、デフレ圧力の部分的な緩和につながるだけでなく、生産性向上のきっかけにもなりうると説明しました。
しかしそのためには、先進国の中できわめて低い日本の生産性を、輸出に先立って向上させる必要があります。ではどうすればいいのか。第4章以降では、生産性向上をどう実現するかを探ります。

参考文献――――――

Joachim Wagner, "Exports and Productivity: A Survey of the Evidence from Firm Level Data," University of Lüneburg

Working Paper Series in Economics, No.4, March 2005.
Joachim Wagner, "Exports and Productivity in Germany," University of Lüneburg Working Paper Series in Economics, No.41, March 2007.
Megha Mukim, "Does Exporting Increase Productivity? Evidence from India," mimeo, London School of Economics, June 20, 2011.
Helmut Fryges and Joachim Wagner, "Exports and Productivity Growth: First Evidence from a Continuous Treatment Approach," IZA Discussion Paper Series, No.2782, May 2007.
Andrew B. Bernard and J. Bradford Jensen, "Exporting and Productivity," NBER Working Paper, No.7135, May 1999.
Kazuo Ogawa and Ichiro Tokutsu, "Productivity, Firm Size, Financial Factors, and Exporting Decisions: The Case of Japanese SMEs," RIETI Discussion Paper Series, 15-E-031, March 2015.
Cassey Lee, "Innovation, Productivity and Exports: Firm-Level Evidence from Malaysia," University of Nottingham Malaysia Campus Working Paper Series, Vol. 2008-06, March 2008.
Churen Sun and Tao Zhang, "Export, Productivity Pattern, and Firm Size Distribution," MPRA Paper, No.36742, January 3, 2012.
Cassey Lee, "The Exporting and Productivity Nexus: Does Firm Size Matter?" ISEAS Economics Working Paper, No.2014-1, August 2014.
Sangho Kim, Hyunjoon Lim, and Donghyun Park, "The Effect of Imports and Exports on Total Factor Productivity in Korea," RIETI Discussion Paper Series, 07-E-022, April 2007.
"How Imports Improve Productivity and Competitiveness," OECD, May 2010.
László Halpern, Miklós Koren, and Ádám Szeidl, "Imports and Productivity," IEHAS Discussion Papers, No.MT-DP, September 2005.

Mariarosaria Agostino, Anna Giunta, Domenico Scalera, and Francesco Trivieri, "Imports, Productivity and Global Value Chains: A European Firm-Level Analysis," Paper Presented at the Workshop, Roma Tre University, December 2015.

Nicholas Bloom, Mirko Draca, and John Van Reenen, "Trade Induced Technical Change? The Impact of Chinese Imports on Innovation, IT and Productivity," NBER Working Paper, No.16717, January 2011.

第4章

企業規模を拡大せよ

——「日本人の底力」は大企業でこそ生きる

PARADIGM SHIFT 4

企業規模拡大のためのM&A促進

日本の生産性を高めるためにもっとも重要なのは、企業の平均規模を大きくすることである。

今の平均規模はあまりにも小さく、生産性に大きな悪影響を及ぼしている。

人口が減少する中、企業規模を拡大するには「企業の統合促進」が不可欠である。

第2章では、国が人口減少時代を生き抜くために、高生産性・高所得資本主義にコミットするという意識改革が必須だということを説明しました。続く第3章では、生産性向上を実現するために、まずは輸出を進めるメリットが大きいことを説明しました。

日本には小さな企業が多すぎる

生産性向上を実現させるために、さらにどうしても避けて通れない問題があります。それは、日本には規模のきわめて小さい企業が多すぎることです。この小さい企業の多さが、日本の生産性の低さの最大の原因なのです。

図表4-1にありますように、日本では20人未満の社員の企業で働いている労働者の比率が全労働者の20・5%と、異常に高くなっています。さらに30人未満まで含めると、なんとその比率は29・9%まで上がります。

先進国の場合、これら小規模企業に勤める労働者の比率と生産性の相関係数は0・93と、非常に高いのです。つまり、日本の生産性が低い最大の原因の1つが、小規模企業に勤める労働

図表4-1　生産性と20人未満の企業に勤める人の割合

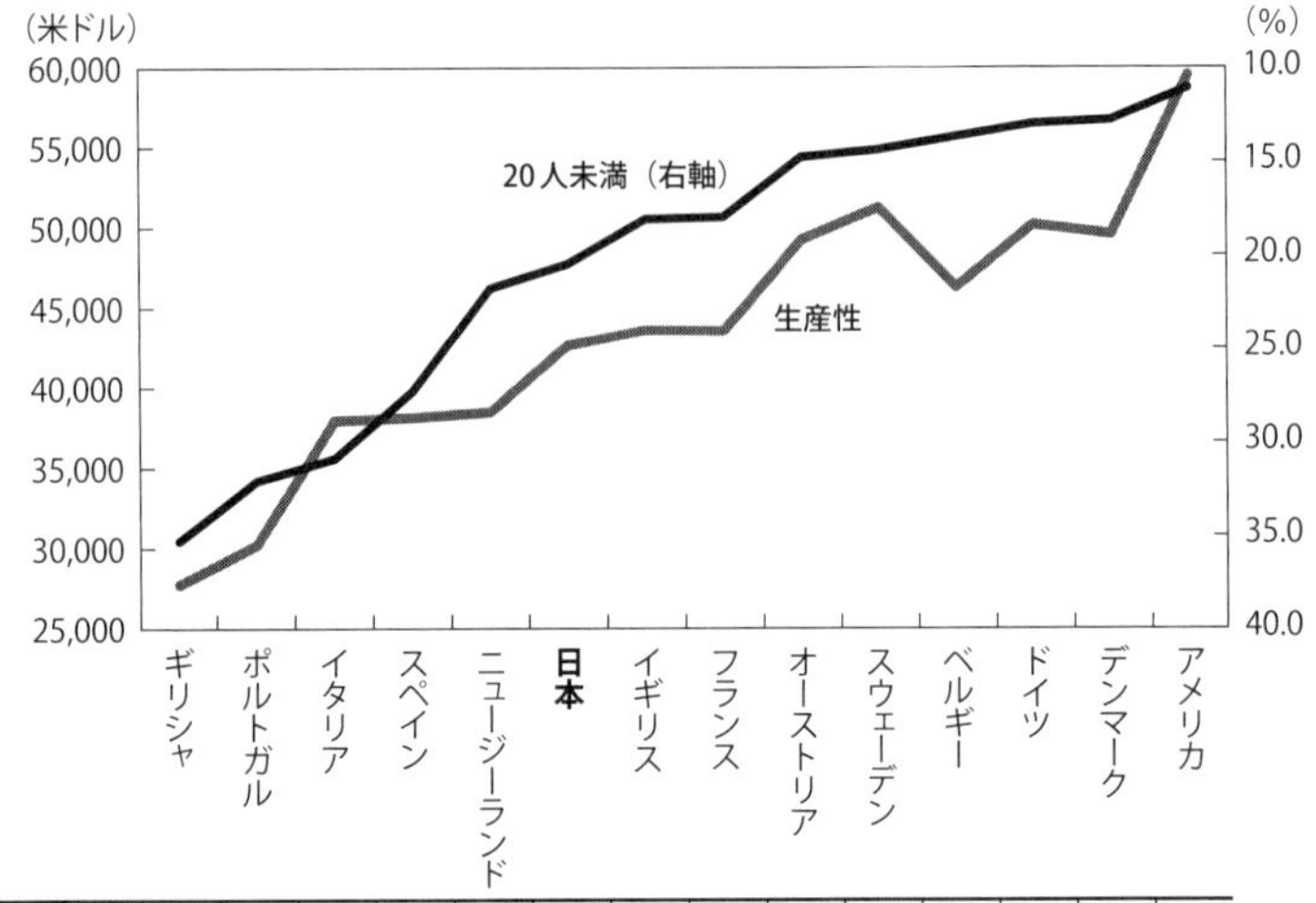

	ギリシャ	ポルトガル	イタリア	スペイン	ニュージーランド	日本	イギリス	フランス	オーストリア	スウェーデン	ベルギー	ドイツ	デンマーク	アメリカ
20人未満（%）	35.3	32.1	30.9	27.3	21.8	20.5	18.1	18.0	14.8	14.4	13.7	13.0	12.8	11.1
生産性（米ドル）	27,776	30,258	37,970	38,171	38,502	42,659	43,620	43,550	49,247	51,264	46,301	50,206	49,613	59,495

出所：OECDのデータより筆者作成

者の多さなのです。

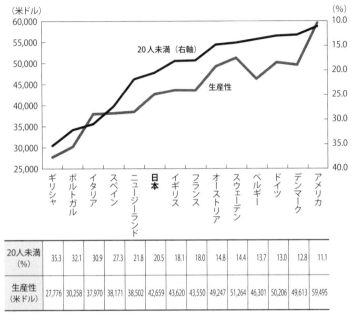

人材評価では日本人は非常に高くランクされているのに、生産性に関してはイタリアやスペインより少し高い程度です。スペインの生産性は世界第32位ですが、人材評価は第45位です。イタリアは生産性が第34位に対して、人材評価は第34位です。

ならば、なぜ人材評価で世界第4位の日本の生産性が、第28位なのか。ずっとその原因を探ってきたのですが、きわめて小さい企業に働いている日本人の割合がスペインやイタリアとあまり変わらな

図表**4-2**　250人以上の企業で働く人の割合と生産性

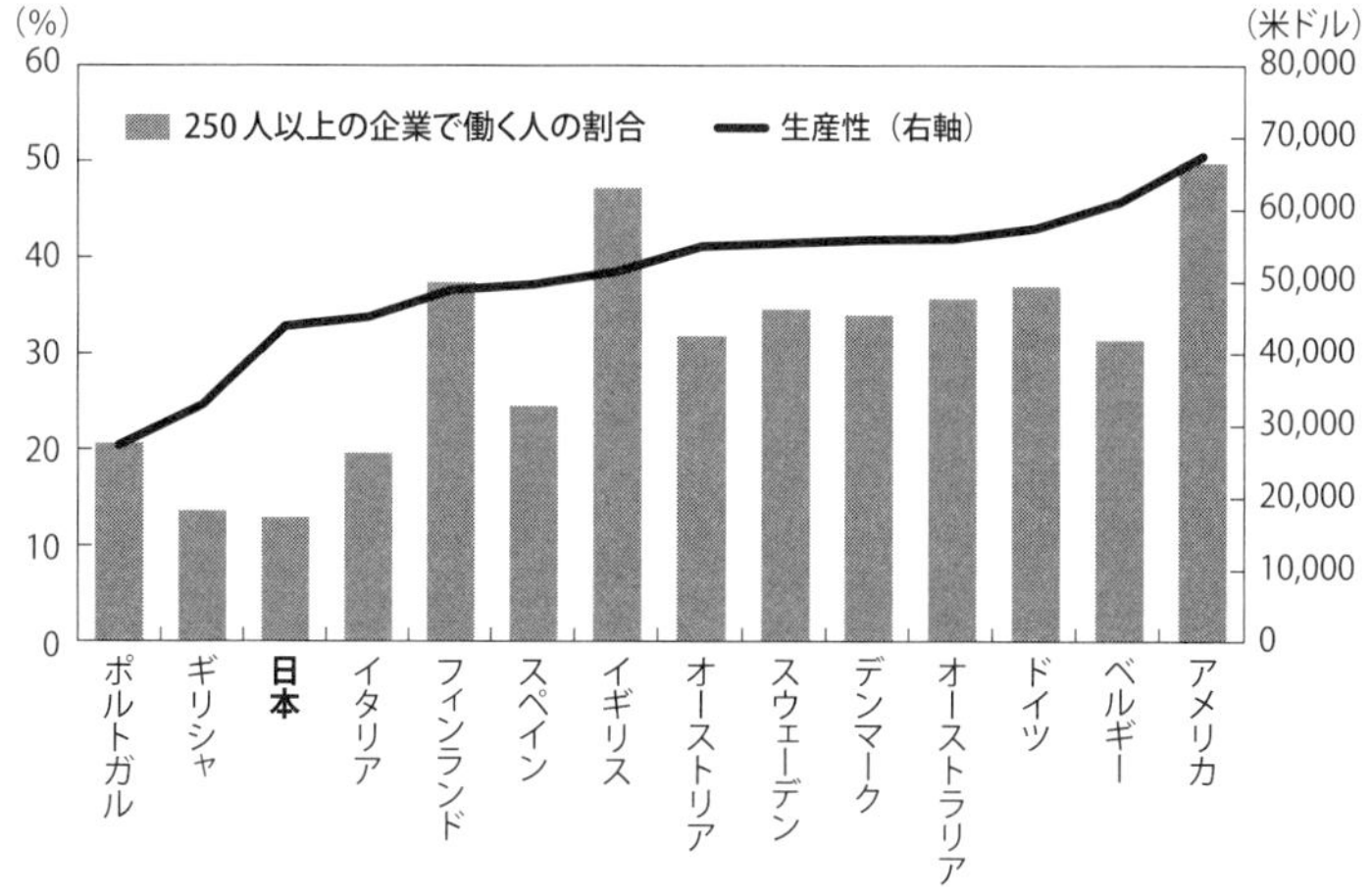

出所：OECDのデータより筆者作成

いことを発見し、その謎がやっと解けました。大発見だと思います。

逆に、アメリカの人材評価は第24位ですが、生産性は第9位となっています。これも企業規模で説明できます。従業員数が250人以上の企業で働くアメリカ人労働者の比率が49・8％にのぼるのに対し、日本はたった12・9％にすぎないのです（図表4－2）。この発見もきわめて重要です。

この本ではさまざまな分析を紹介していますが、生産性、女性活躍、研究開発、輸出、技術の普及率、人材育成トレーニング制度など、日本が抱えているさまざまな問題の根源を究極的に探っていくと、小規模企業に勤める労働者比率の高さに行きつきます。これがさまざまな問題の唯一の共通点です。

それを踏まえて、この章の前半では企業統合による規模拡大のメリットを検証し、その後、後半で人口減少と企業の数の関係という日本固有の課題を説明していきます。

生産性と企業規模

世界各国で行われたさまざまな分析によって、企業の規模と生産性との間には強い相関関係があることが確認されています。それぞれの業界内でも、規模が大きくなればなるほど生産性が高いことが同様に確認されています。

カナダの中央銀行に当たるBank of Canadaが２００８年に出した論文、「Firm Size and Productivity」によると、カナダ経済においても生産性と企業規模に強い相関が確認されているそうです。また、アメリカとカナダの製造業における生産性の違いの48％は、実は企業規模の違いで説明できるとも報告されています。それほど、企業の規模の違いが、生産性の違いを説明する有力な要因なのです。

この論文には、製造業について、アメリカのデータを使った論文が引用されています。それによると、１９８７年の従業員10人未満の企業の１人当たり生産性は全体平均の62％にすぎず、５００人以上企業は平均の１２６％だったそうです。一方のカナダの場合、１００人未満の企業の１人当たり生産性は全体平均の62％で、５００人以上は平均の１６５％だと報告されています。

付加価値に関しては、カナダの従業員数１００人未満の企業は全体平均の67％で、５００人以上の企業は１４７％。アメリカは同69％と１３６％でした。

カナダ銀行の分析によると、従業員数５００人以上の企業の１人当たり売上は、20人未満の１３３％となっています。ここでも規模が小さくなればなるほど、生産性が低下することが確認できます。

カナダ銀行の分析の中で特に注目したいのは、製造業だけではなく、サービス業の分析もしていることです。

この点に注目すべきなのは、日本の生産性の低さのほとんどが、サービス業に起因しているからです。日本とアメリカの生産性のギャップの97％が、サービス業の生産性の違いによって説明できるのです。

企業規模の拡大は原因ではなく結果

引き続き、先ほどのカナダ銀行の論文を見ていきます。

時系列では、大企業の生産性は向上していることが紹介されています。しかし、単純に規模が拡大していることだけが生産性向上の理由ではありません。

いくつかのデータによると、大企業の1社当たり平均社員数は若干の減少傾向にあります。これは日本、アメリカ、カナダ、3カ国共通の傾向です。大企業1社当たりの平均社員数が減少している理由としては、中小企業の規模が拡大し、大企業に転換していることが示唆されています。

中小企業の生産性が低い理由については、中小企業の多くが生産性の低い産業に集中しているからではないかという仮説を立て、検証が行われています。その結果、農業以外の全産業においてこの仮説が否定されました。特定の生産性の低い産業に中小企業が集中していることは、中小企業の生産性が低い要因ではないのです。産業の分野を問わず、大企業の生産性が高く、中小企業の生産性が低いのです。

一方で、企業の規模の大小による生産性の違いは、物的資本の違いが大きいという説明がされています。規模が大きくなればなるほど、設備投資をする余裕が生まれてくるので、社員1人ひとりに用意できる設備は充実します。ただ単に人が多い、少ないによって違いが生まれているのではなく、規模が大きくなると設備が充実することが、生産性の違いの原因なのです。

他の論文も参考にし、私が立てた仮説は、以下のとおりです。

ただ単に規模が大きければ生産性が高まるのではなく、生産性を追求することによって、結果としてある程度の規模が必要とされる。

サービス業こそ、企業規模が大事

同じカナダ銀行の論文に、大変興味深い記述がありました。付加価値に関しては、大企業と中小企業の差は、製造業よりサービス業においてより大きいというのです。

また、アメリカとカナダの生産性を比較して、従業員500人以上の企業に労働人口が集中していることが、アメリカの優位性のポイントだとされています。

この結論は、本章の冒頭で紹介した、日本の20人未満の企業に勤める労働者比率の高さが生産性の低さの要因だという話と一致しています。日本ではアメリカとは逆に、従業員数30人未満で生産性の低い企業に労働人口が集中しており、そのことが全体の生産性の低さにつながっているのです。

University of Torontoが２０１４年に発表した「Misallocation, Establishment Size and Productivity」では、１２４カ国のデータを集めて企業の規模と生産性の分析を行っています。

この論文にも、大企業で働いている人の割合と１人当たりＧＤＰには、非常に強い相関関係があるとあります。さらに、人口50万人以下の国々を除くと、その相関はさらに強くなるという結果も報告されています。

国の政策によって企業の規模を拡大するのが難しい国に関しては、その政策がそのまま国の生産性の低さの要因になると説明されています。

他にもさまざまな論文で、企業の社員数が多いほど給料水準が高くなるという、共通の特徴が確認されています。理由についてはどの研究を見てもまだ解明されていないようですが、日本も含め例外なくどの国でも同じです（図表４－３）。

図表4-3　日本の企業規模別の年間平均給与と雇用者数

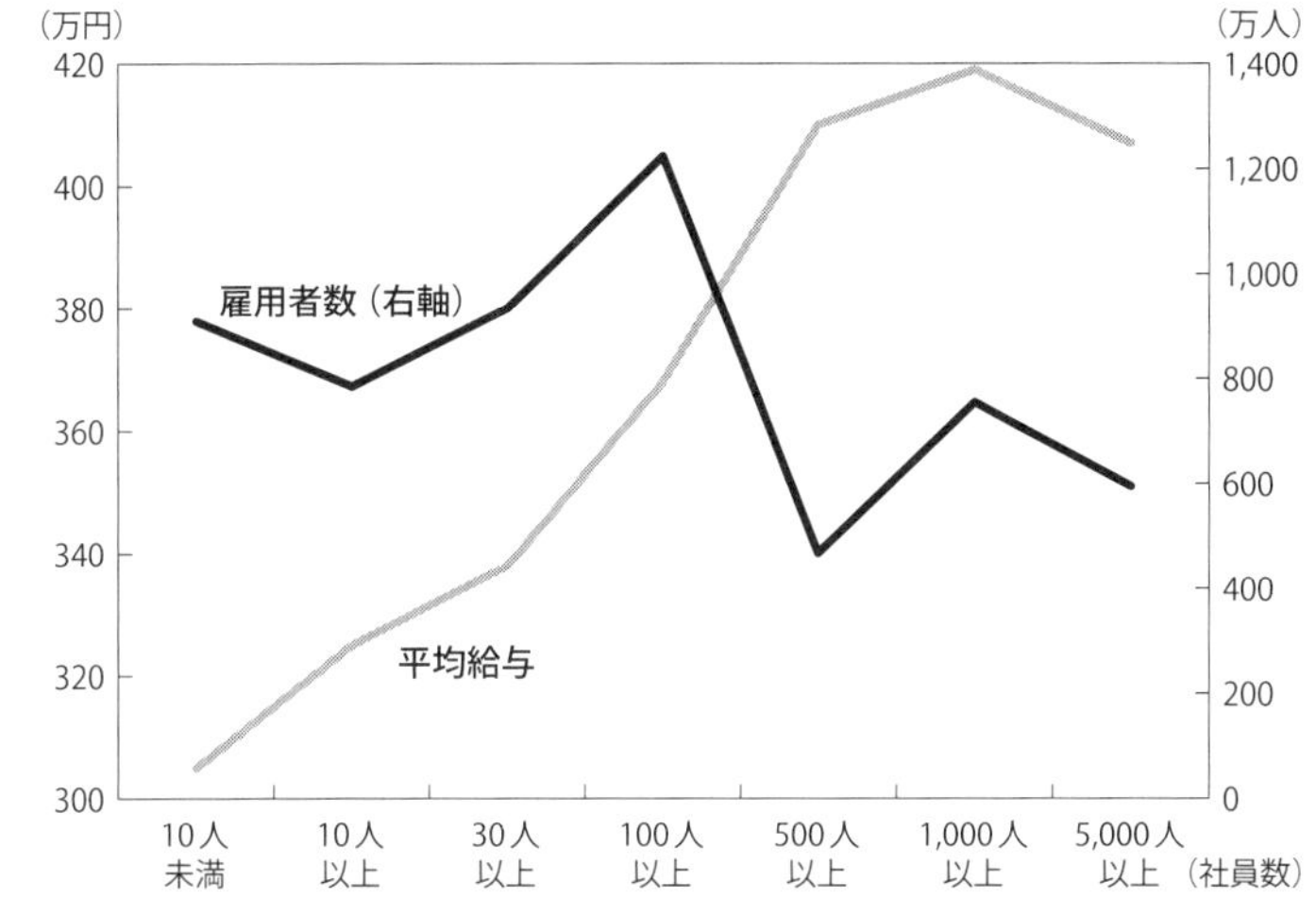

出所：統計局データ（2015年）より筆者作成

日本では現在、２・３人の現役世代が１人の高齢者（65歳以上）を支えています。これが、２０６０年には１・３人まで減ると予想されています。その分、労働者の給料水準を高めなくてはいけません。給料は企業の規模が大きくなればなるほど高くなる傾向があるのであれば、日本では企業の規模を拡大することが絶対に不可欠なのです。

輸出と企業規模

第３章では、内需の減少によって余剰となった供給を減らす前に、輸出が可能な分は輸出したほうがいいと提言しました。日本は人口が多くてＧＤＰも大きいので、輸出総額も大きいのですが、人口１人当たり輸出額や対GDP比の輸出額で見ると、まだまだ輸出小国です。日本の潜在能力の高さから考えれば、輸出を拡大する余地は非常に大きいと考えています。

また、輸出比率が高い国は生産性も高いという強い相関関係があることも説明しました。人口減少による供給過剰の問題を解決するためだけではなく、高齢化に向けて生産性を高めなくてはいけないという課題にも、輸出の拡大が大きな効果をもたらすことが期待できるのです。その意味からも、輸出の拡大には積極的に取り組むべきです。

ただし、すでにご紹介した海外の論文の分析にもあったように、輸出をするから企業の生産性が高いのではありません。もともと生産性の高い企業ほど、多く輸出ができるというのが実態です。

さらに、先ほど説明した企業規模と生産性の強い相関関係を考えると、理屈上、多く輸出できる企業のほうが規模が大きいはずです。そこで論文を調べてみると、やはりそのとおりの分析結果を示している論文が多数ありました。

たとえば、ドイツの製造業企業を分析した「Exports and Productivity Growth」という論文では、1社当たりの社員数が増えれば増えるほど、輸出の割合が高くなる傾向があることが確認されています。

同じ教授による「Exports and Productivity in Germany」によると、２００４年、輸出をする旧西ドイツの企業の平均社員数は１７９・36人で、輸出しない企業の58・05人を大きく上回っていました。同様に、旧東ドイツの企業では、輸出をする企業の１１３・９人に対し、しない企業は54・00人と同様の傾向が紹介されています。

これらの論文では、企業の規模と輸出の強い相関関係は、実は間接的なものであると指摘されています。輸出の多い少ないにもっとも関連するのは社員の給料水準で、その給料水準は企業の規模が大きくなればなるほど高くなる。したがって輸出と企業の規模も密接に関係すると指摘されています。これから日本が賃上げ戦略を検討するのであれば、これを熟慮すべきです。

マレーシアの企業を分析している「The Exporting and Productivity Nexus: Does Firm Size Matter?」でも、輸出している企業の生産性は、そもそも輸出を開始する前から、輸出しない企業より高いという結論が導かれています。

さらに興味深いことに、企業の規模が一定以上に大きくなると、その相関は弱くなるとあります。つまり、企業規模が小さくなればなるほど、輸出のためにはより高い生産性が重要となるという結論になっています。

この本を書くにあたって、さまざまなテーマの論文を調査しました。英語圏では、実に細かいテーマで非常に多くの論文が発表されていること、そしてその科学的な分析力の高さに感激させられました。

同時に、それらの論文が提起していた議論に、日本の学者があまりに参加していないことに驚かされました。まったくいないわけではありませんが、非常に少ない印象です。英語だからかと思い、日本語で書かれた科学的な分析の論文も調べてみましたが、やはり少ない印象は否めませんでした。

そんな少ない論文の中で日本の学者が書いた「Productivity, Firm Size, Financial Factors, and Exporting Decisions: The case of Japanese SMEs」という論文には感動しました。日本の製造業では、輸出をする中小企業が徐々に増える傾向にはありますが、まだ28・2%にすぎず、総輸出額における中小企業のシェアは6・5%しかないというのが、この論文の分析結果です。

また、この論文でも、日本でも諸外国と同様に、輸出と企業規模に強い相関関係があると分析しています。そして、大企業より中小企業で、規模の差が輸出の多寡に強く影響しているという結果を示しています。

女性活躍と企業規模

生産性と女性活躍との間にも、強い相関関係があることが確認されています（図表4-4）。相関係数は0・77です。

あらためて言うまでもなく、生産性は1人当たりのGDP（GDP／人口）です。国民の半分を占める女性は、働いても働かなくても分母にカウントされます。一方、外で働かない女性が多ければ多いほど、分子のGDP拡大への貢献度が減るので、全体の生産性を下げることになります。逆に女性が働けば、その分だけ分子が膨らむので、国全体の生産性が高くなります。

日本のように社会保障制度が充実している国では、女性は単に働きに出るだけでは十分ではありません。女性も男性と同様に働き、同じような水準の給与を稼ぐ必要があります。日本でも、男女の同一労働は絶対に不可欠なのです。

他の先進国では、すでに男女の同一労働・同一賃金は当然のことになっていますし、さらに今では、女性が男性と同じ生産性の高い仕事をする比率、すなわち「同一労働比率」が高くなっています。その結果、アメリカでは年々、女性の収入が男性の収入に近づいていっています（図

図表4-4　女性の「経済参加度」が高い国は生産性も高い

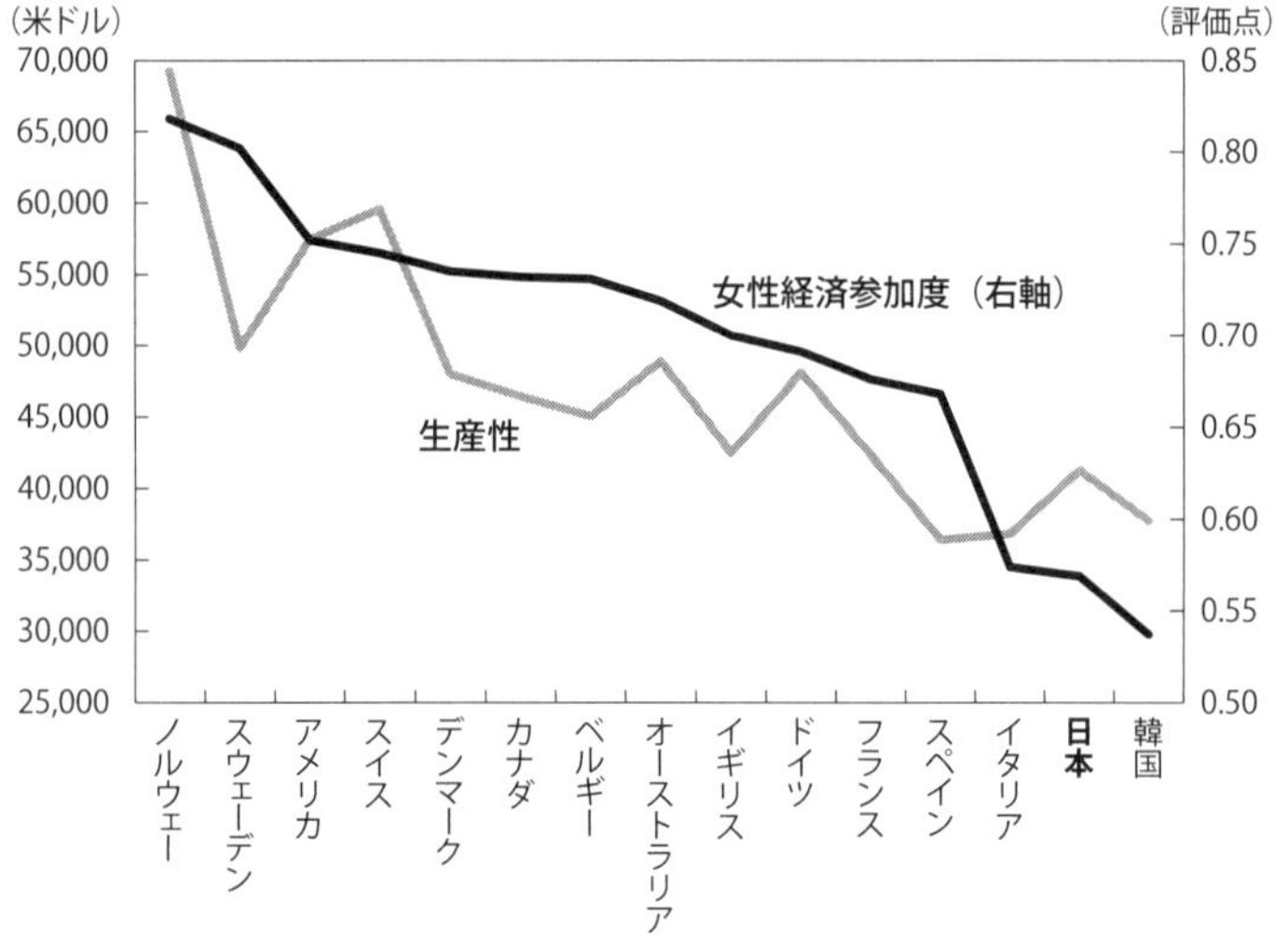

出所：World Economic Forum 2016、IMFのデータより筆者作成

表4-5)。

一方、日本では、同一労働・同一賃金以前に、まだまだ同一労働自体が進んでおらず、男女間の収入に大きな差があります。この状態は長年にわたって改善していません。

以上で生産性と女性活躍の関係についてはご理解いただけたかと思います。しかし、企業の規模の拡大が生産性向上に不可欠だという説明から、なぜ女性活躍と生産性に話題が移ったのか、不思議に思われた方もいらっしゃると思います。実は、女性活躍と企業の規模にも強い相関関係があるのです。

図表4-5　日本とアメリカの男性賃金に対する女性賃金の割合

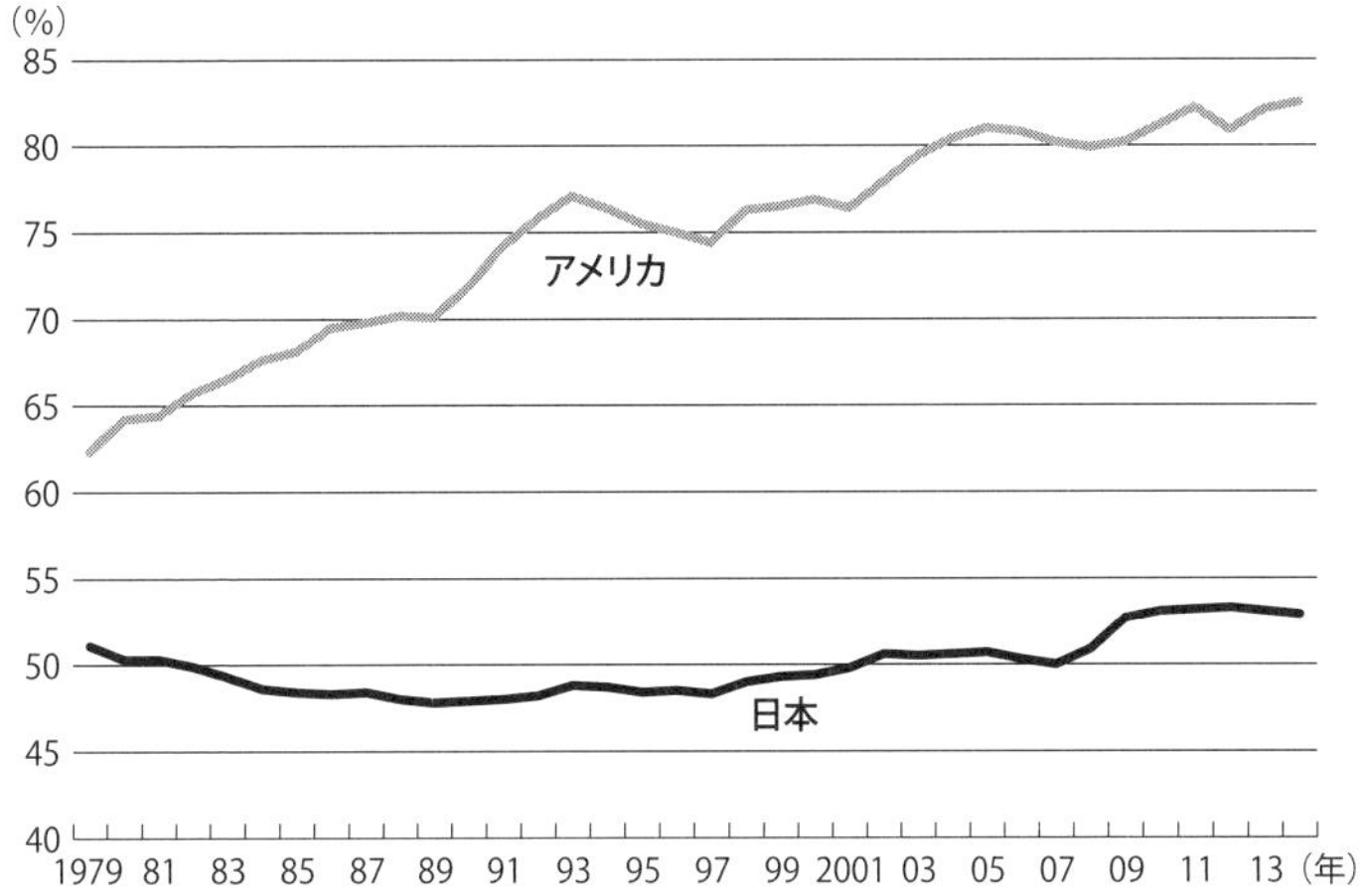

出所：アメリカ経済統計局、国税庁データより筆者作成

規模の大きい企業に比べて規模の小さい企業では、産休・育休や社員のフレキシブルな働き方に対応するのは難しいのが現実です。小さい企業では、かわりに仕事を回せるスタッフが少ないですし、1つの作業を1人だけでやっていることが多く、カバーできるスタッフがいない場合も少なくありません。

たとえば、経理部門は1人だけでやっているというケースを考えます。その担当者が女性で産休・育休をとれば、経理がわかる人がその企業から短期間いなくなります。引き継ぎをしたとしても、その仕事をかわりにやる人の質問や行き詰まりに対応できる人材は、その企業にいません。経理部門に2～3人、人がいれば、こんな問題は起こりません。

つまり、規模が大きい企業が多くなれば、フレキシブルな働き方に対応しやすくなります。その結果、女性の活躍の場が増えて、生産性の向上につながるのです。だからこそ、諸外国では国家公務員の女性比率が高いのです。それは国が各国の最大の雇用者で、国家公務員の組織がその国で最大の組織なので、もっとも柔軟な対応ができるとされているからです。

日本では、政府がお題目のように女性活躍を掲げてはいますが、国家公務員の女性比率は他国に比べて非常に低水準です。これでは有言不実行と言われてしまってもしかたがないでしょう。

イギリスの国家公務員の女性比率は54％で、高官だけで見ても39％です（２０１７年）。アメリカの国家公務員の女性比率は43・３％でした（２０１６年）。一方、内閣府の２０１１年のデータによると、日本の国家公務員の女性比率は全体の18％で、高官となるとたったの３％にすぎません。

民間にばかり女性の活躍を進めるように言っても、説得力のないことはなはだしいと言わざるをえません。これでは民間が動かないのも当たり前です。

とはいえ、たとえ政府が多くの女性を雇うようになったとしても、それだけでは不十分です。同時に企業の規模拡大政策を進めなければ、やはり女性活躍は進まないのです。

研究開発と企業規模

企業の規模と研究開発との間にも、強い相関関係が確認されます。このことに関しては、特に驚きはありません。

企業が大きくなれば規模の経済が拡大し、余裕ができます。また、他社と競争するにあたっての優位性を強化するため、研究開発により多くのお金を使うようになるのが道理です。

同時に、規模が大きい企業のほうが人材が豊富なので、専門の研究開発部門を設置しやすくなります。

「Relation of Firm Size to R&D Productivity」という論文には、企業の規模と研究開発に非常に密接な関係が見出せることが示されています。また「All Hail Large Firm Innovation: Reconciling the Firm Size and Innovation Debate」では、同じように企業の規模と研究開発に強い相関関係があることを確認した上で、社員の数が10％増えると研究開発費が7・5％増えるという興味深い結果も紹介しています。

講演会などでは、「日本は研究開発大国、技術大国だから、人口減少は問題ではない」という声を多数の人から聞かされます。また、政府も人口減少対策として技術革新に期待しているようです。

しかし、この考え方には問題が2つあります。実は、日本は潜在能力に比較すると、決して研究開発大国ではないのです。

対GDP比で見てはいけない

まず、日本の研究開発の優位性を主張する人がよく使うデータは、対GDPの研究開発費の比率です。その比率では日本は世界第3位と、かなり高いランクに位置しています。一方、アメリカは第10位とかなり低い順位です。

このデータをもとに、日本の優位性を説く人は次のような主張をします。

「アメリカは利益至上主義だから、将来を見据えた研究投資をしていない。日本の利益水準が低いのは、将来のために精一杯研究しているからだ」

マスコミも、似たような論調を展開するケースが多いように思います。

しかしこの主張には大きな盲点があります。それは、彼らがよりどころにしている数字が「研究開発費の対GDP比」だということです。

比率が高いのは、分子が大きいか、分母が小さいかのどちらかです。再三述べていますが、日本の生産性は世界レベルで比べるとかなり低いです。生産性が低いということは、人口の割にGDPが少ないことを意味しています。日本の場合、異常とも言える少なさです。

GDPという分母が異常に小さいので、日本の研究開発費の対GDP比率が高くなるのは、ある意味、当たり前なのです。研究開発費をGDPで割って、アメリカよりその比率が高いから云々と論じることは、きわめて危険で単細胞な理屈です。

実際に日本に優位性があるかどうかを確認するためには、1人当たり研究開発費用を計算して確認するべきです。そうすると、日本の研究開発費用は1人当たりで第10位となりますが、アメリカは第2位です。

日本の研究開発費の対GDP比率が高くなるのは、研究開発費が特別に多いからではなく、1人当たりの生産性の低さに理由があるのです。日本の第10位という順位は、決して悪いわけではありませんが、対GDP比率で見たときのような強い優位性を示すものではありません。

研究開発で生まれた結果をどれだけ有効活用できているか、つまり普及率がもう1つの問題です。

先ほどの対GDP比の話を別の角度から見れば、アメリカは多額の費用を投じた研究開発の結果を、フルに経済成長に貢献させており、その結果、GDPを大きく膨らませています。だから、対GDP比の研究開発費が低く見えてしまうだけです。

一方、日本は研究開発に投資している割には、GDPの拡大にはつなげられていません。一部の企業が研究開発に熱心で、例外的に素晴らしい成果や実績を出しているからといって、経済全体の生産性が改善するとはかぎらないということです。

成功例を一般化してはいけない

外国人という立場から日頃よく感じることなのですが、日本人はいちばんになることを異常に喜び、その実績を日本全体に一般化して、満足してしまう傾向があるように思います。トヨタ自動車がすごいのを、あたかもすべての日本企業の技術がすごいと思い込んだり、特定の職人さんの技術がすごいから、日本人は手先が器用な民族だと安易に信じ込んだり。似たような例は枚挙にいとまがありません。

理想像を思い描くのは別に構いませんが、思い込んだり、信じ込んだりしている日本人の特徴が、日本人全般に普遍的なものなのか、検証せずに一般化する傾向が強いように感じています。

また、日本人は、日本のどこかが世界遺産に登録されたり、特許の数が世界一だったり、人材が高く評価されたり、素晴らしい技術が表彰されるなど、いわゆる「お墨付き」をもらうこともすごく好きな印象です。

たしかに、日本は特許の数は断トツで世界一ですが、生産性は世界第28位です。このことからもわかるように、いくら研究熱心であっても、開発した技術を広く普及させて活かさなければ、成果や実績にはつながりません。

お国自慢はできるかもしれませんが、そんなことは人口減少時代には無用の長物でしかありません。

日本には素晴らしい研究者がたくさんいるのは、疑う余地がありません。しかし、彼らにより開発された技術が普及し広く使われるようにならなくては、経済合理性があるとは言えないのです。

日本企業の規模が小さいことが、ここにも悪影響を及ぼしています。企業の規模が小さいことは、1人当たりの研究開発費が世界第10位にとどまっている原因だと考えられます。日本に比べて、アメリカの1人当たり研究開発費用が充実している大きな原因は、規模の大きい企業が多いからなのです。

技術革新と企業規模

それと同時に、日本では規模が小さい企業が多いことが、せっかく開発された新しい技術や革新的な成果が普及しない原因にもなっています。

それは、企業の規模が小さくなればなるほど、新しい技術の普及率が下がるからです。アメリカの生産性が世界第9位になっているのは、500人以上の企業で働く人の割合がきわめて高いからです。つまり、新しい技術をフルに活用し、生産性を向上させて、所得が増える労働者の割合が高いのです。

「日本経済は人口が減っても、技術革新を進めて十分対応できる」という考え方の人が、日本には多くいるように感じます。しかし、この考え方はとてもガラパゴス的です。

World Economic Forum のデータを使って、たとえば生産性と特許の数との相関関係を調べてみると、実はあまり相関関係がないのがわかります（相関係数はマイナス0・01）。もちろん技術革新のための研究開発がなければ生産性を高めるのは困難です。しかし、この結果からは、技術革新だけでは不十分だということが示唆されます。

「中小企業好き」大国日本

本章で特に皆さんにご理解いただきたいのは、日本では「生産性向上のためには企業の規模を拡大するメリットが大きい」ということです。日本では人口減少が進みますので、それにはおのずと、企業統合が必要不可欠となります。そのためには、今までの産業政策を変えることが不可欠です。ただし、企業統合を進め、規模を拡大する過程では、多くの日本人にとって感情的に受け入れがたいことも起こります。

私の目には、日本という国は中小企業が大好きなように映っています。たとえば、大田区などを代表とする下町の町工場や一匹狼の職人・老舗企業など、中小零細企業ががんばって、金と力にものを言わせる大企業に対抗する小説やドラマがウケる傾向があります。これなど、まさに日本人の「中小企業好き」の表れのように感じます。

日本人の中小企業好きには、歴史的背景が関係しているように思います。たとえば、戦後の高度経済成長期のように、日本経済が飛躍的に成長した期間、中小企業も大幅に増加し、日本の成長の屋台骨の一部となったという事実もその1つでしょう（図表4−6）。


すでに説明したように、因果関係をきちんと検証もせず、成長した時代の特徴にその国の強さ、成長の秘訣を求める傾向はどの国にもあります。

経済がもっとも成長したときに中小企業が大幅に増えたのだから、中小企業は日本経済発展のために大きく貢献した、日本経済の底力は町工場にあるという話をいまだによく耳にします。そして、そう考えたい気持ちもよくわかります。

たしかに、高度経済成長期には労働者が異常なペースで増加したので、彼らの雇用先を確保するのは国にとっても大問題だったはずです。その問題の解決には、企業の数が増えることが重要だったので、国としても企業数を増やす政策が不可欠だったのでしょう。

その流れのまま、これまでの日本では、企業の数を増やし、それがなるべく減らないように、手厚い政策的支援を繰り返してきました。

図表4-6　企業数と就業人口

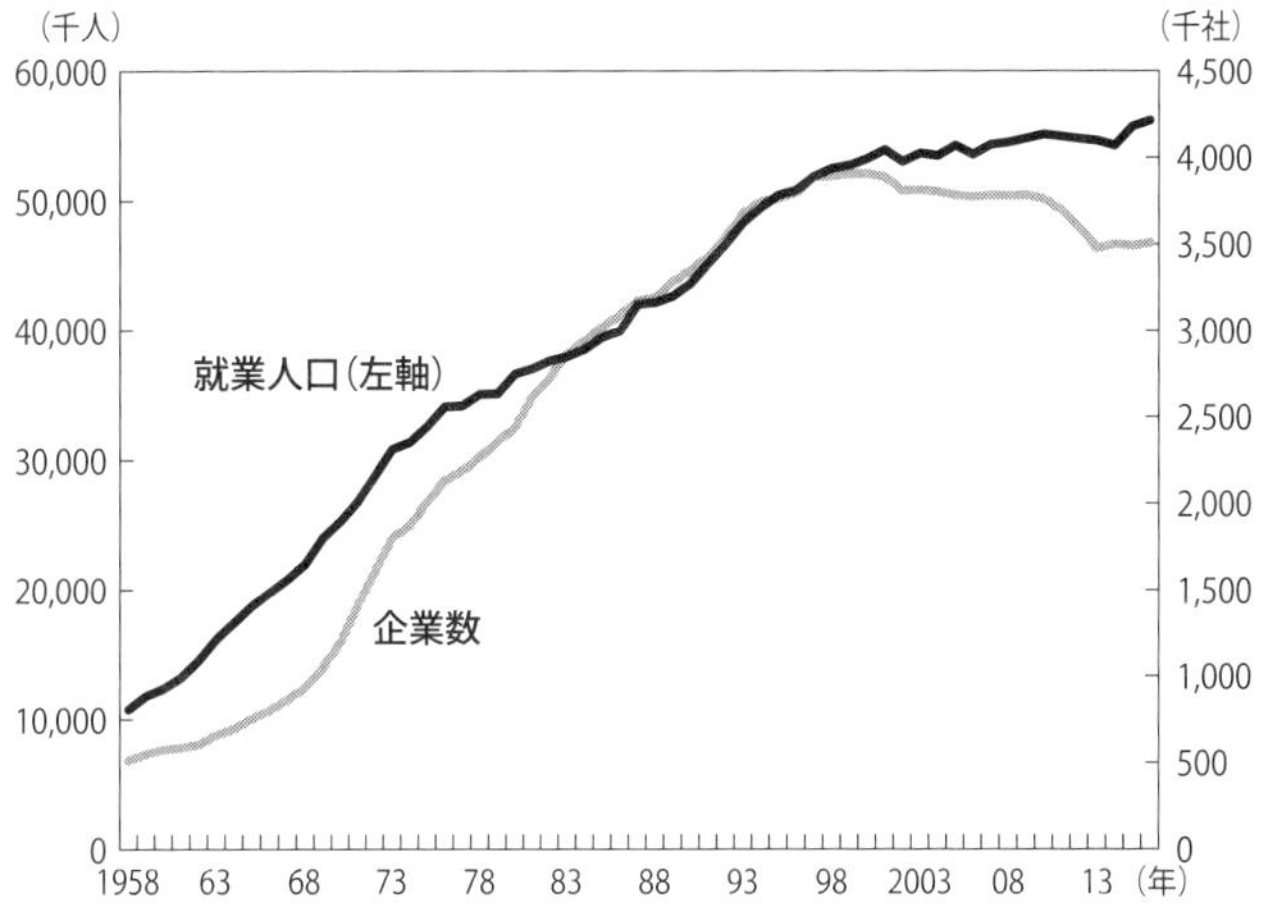

出所：国税庁データより筆者作成

しかし、高度経済成長期の企業数の増加は、本当に成長のドライブだったのか、それともただの偶然だったのか。この判断は大変難しいと思います。

もしかしたら、人口増加によって日本経済が成長していたので、企業数は大幅に増えても増えなくても、本当はあまり関係がなかった可能性もあります。だとすると、中小企業の増加は日本経済が成長していたときにたまたま起こった現象で、経済成長の基礎だという説は、ただの都市伝説にすぎなかったということも十分に考えられます。

いずれにせよ、人口増加という経済の基礎条件が大きく変わります。今こそ、中小企業の数の問題をあらためて科学的に検証する価値は大です。

結論から言うと、企業数の増加がいいことだという人口増加時代の常識は、人口減少時代では経済成長の足を引っ張る原因にもなりえます。これから来る本格的な人口減少時代を迎えるにあたって、中小企業政策を根本から考え直すべきパラダイムシフトのタイミングが来ています。数よりも中身の強化が重要になるのです。

人口減少下では、企業数減少は「しかたがない」

生産性向上のためには、企業の規模を拡大することが肝心です。

人口が増えている国であれば、労働者の人口増加率より企業の増加率を抑えれば、痛みなしでこれを実行できます。しかし、人口が減少している国で企業規模を大きくするなら、必然的に企業の数が減る結果となります。

『新・生産性立国論』の中で私は、単に「企業数は減るべきだ」と指摘しました。間違いをお詫びし、訂正します。正しくは次のとおりです。

「福祉制度を維持するためには、生産性向上が不可欠です。それには、企業の規模を大きくする必要があります。人口が減る中で企業の規模を大きくするなら、結果として企業の数が減ります」。企業の数が減るのは、必然的な結果です。

この話をすると、必ず強い反発が返ってきます。曰く、「企業の数を減らせば、雇用が減って、失業者が増える」。これは、雇用と法人数の相関関係を誤解している発言です。人口が減るので人手不足が次第に深刻になるという事実も、まったく無視されています。

こういう感情的な反応はおいておいて、人口が減るなら企業の数も減らなくてはいけない理由を説明します。単純な話です。

子どもの数が増えていた時代にたくさん作られた学校は、子どもの数が減ってしまったので多くが不要になり、全国で統廃合が進められています。

これと同じことが、産業界でも起こってしかるべきなのです。もちろんすべての業界とは言いませんが、人口数に比例して需要が上下する多くの業界では、多少の統廃合は避けられません。レストラン（人間の胃袋の数が減る）や美容室（頭の数が減る）などはその典型例です。

実は、日本企業の中でも大手企業は、すでに意外と統廃合が進んでいます。

たとえば大手の銀行です。1990年、当時アナリストだった私が銀行業界を担当していたときには、日本には主要銀行が21行もありました。それが徐々に統合されて、今は3つのメガバンクと数社の小さい銀行になっています。

メガバンクの中でも最大の三菱UFJフィナンシャル・グループは、三菱銀行、東京銀行、三和銀行、東海銀行、三菱信託、東洋信託、日本信託などが合併してできた銀行グループです。1990年に21行があった主要銀行の3分の1に相当する7つの銀行が、たった1つのグループに集約されたのです。

石油業界も統合が進んでいる業界です。石油連盟によると、今ある5社はもともとあった17社が統合した結果だそうです。しかも、今ある5社は、大手3社と規模が比較的小さい2社で構成されています。規模の小さい2社は他社と統合していない一方、大手3社は計15社が統合してできた企業です。企業の数は5分の1に減ったことになります。

資源エネルギー庁の報告書によると、石油業界でこのように統合が進んだ理由は、規制緩和の影響もありますが、他にも①脱石油シフト、②少子高齢化や人口減少、③二酸化炭素排出量削減やエネルギー消費効率向上が挙げられています。やはり、人口減少が統合の主要因の1つなのです。

大企業で起きている統合の動きは、これから中小企業にも広がっていくはずです。なぜなら、大企業が統合するだけでは、日本の生産性を求められる水準まで引き上げるのは物理的に不可能だからです。

人口減少によって、規模の小さい企業には雇える人がいなくなる

人口が減り、需要が減った以上、企業の規模が拡大するためには企業の数が減らなくてはいけないということは、ご理解いただけたでしょうか。

これに加えて、企業の数が減らなくてはいけない理由がもう1つあります。人手不足です。

『新・生産性立国論』でも紹介しましたが、戦後、日本の企業数は人口の増加以上のペースで増えました。特に1975年から1995年の20年間に、日本の企業の数は約170万社も増加しました。そのうちの約150万社が、従業員10人未満の零細企業でした（図表4−7）。

1社当たり社員数の平均は、1964年の25人をピークに、1986年の12・9人まで大きく減少しました（図表4−8）。「日本経済の底力は中小企業であり、これこそが日本の資本主義の特徴である」という考え方は、どうやら1964年以降にできた神話の1つだと考えられます。この神話が、今の低生産性・低所得・低輸出率の原因の1つです。

図表4-7　1975〜95年の企業数の増減――生産性の低い企業が増えた

企業規模	1975年	1995年	増減数
10人未満	1,629,427	3,130,983	1,501,556
10人以上	395,030	522,290	127,260
30人以上	124,464	173,053	48,589
100人以上	34,912	53,990	19,078
500人以上	2,888	4,987	2,099
1,000人以上	1,663	2,669	1,006
5,000人以上	154	361	207
合計	2,188,538	3,888,333	1,699,795

出所：国税庁データより筆者作成

図表4-8　1企業当たりの平均社員数

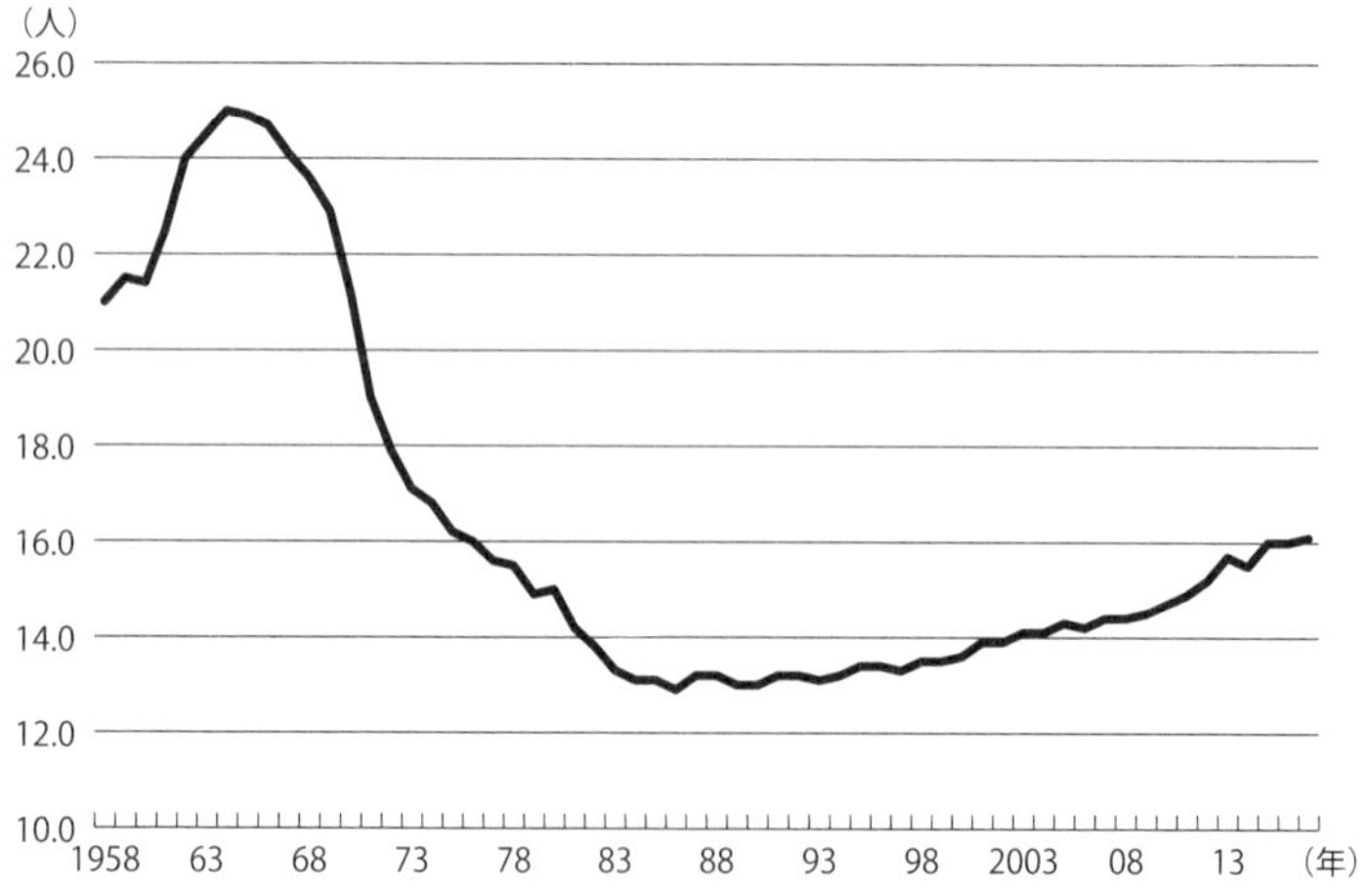

出所：国税庁データより筆者作成

図表**4-9**　企業規模別の雇用者数増減率（1995〜2015年）

企業規模	増減率（%）
10人未満	−16.1
10人以上	−7.0
30人以上	5.4
100人以上	15.1
500人以上	29.9
1,000人以上	30.2
5,000人以上	59.2

出所：国税庁データより筆者作成

一方、バブル崩壊以降は1社当たり平均社員数が少しずつ増加し、2017年には16・1人まで回復しています。

なぜ平均社員数が上昇に転じたのでしょうか。データをたしかめると、規模の小さい企業から、規模の大きい企業に労働人口が移動していることがわかります。企業の規模が小さいほど労働者の減少率が高く、企業規模が大きいほど労働者の増加率が高いのです。経済における自動調整機能が働いたのです（図表4−9）。

日本のみならず、世界中どの国でも、一般的に企業の規模が小さいほど給料水準が低い傾向があります。

だからこそ、日本のように、人口が減り労働者が減ると、小さい企業から真っ先に人が減ってしまうのです。決して同じ割合ずつ減るのではありません。人手不足であればあるほど、労働者はもっとも高い給与が期待できる企業を選ぶので、規模の大きい企業に集中します。当然のことです。

少し極端な分析方法ですが、各社の雇用者数を固定し、2060年の労働者を規模の大きい企業から順に配分した場合、現状のうち何社の中小企業が減らなくてはいけないかを計算することができます。

今の15歳から64歳までの生産年齢人口は7682万人です。これが、2060年に4418万人まで減ることが予想されています。3264万人の減少です。

この4418万人の生産年齢人口を大企業から順に割り振ると、従業員10人以上30人未満の会社の56・5%まで残すことができます。つまり、その規模の企業の43・5%と、10人未満の企業すべてには、従業員を1人も割り振れないのです。

では、人を確保できない企業は何社にのぼるのでしょうか。今ある352万社中、実に299万社です（この計算では15歳から64歳までの全員を割り振っています。就職しない人もいますので、実際には、労働者を確保できる企業はさらに少なくなります）。現実にはここまで大きくは減らないと思いますが、それでも大幅な減少は避けられません。

極端な結果のように思われるかもしれませんが、この分析の結果はリクルート社が2018年4月26日に出した、大卒（大学院卒含む）求人倍率調査とかなり一致します。

図表4-10　大卒の求人状況の推移

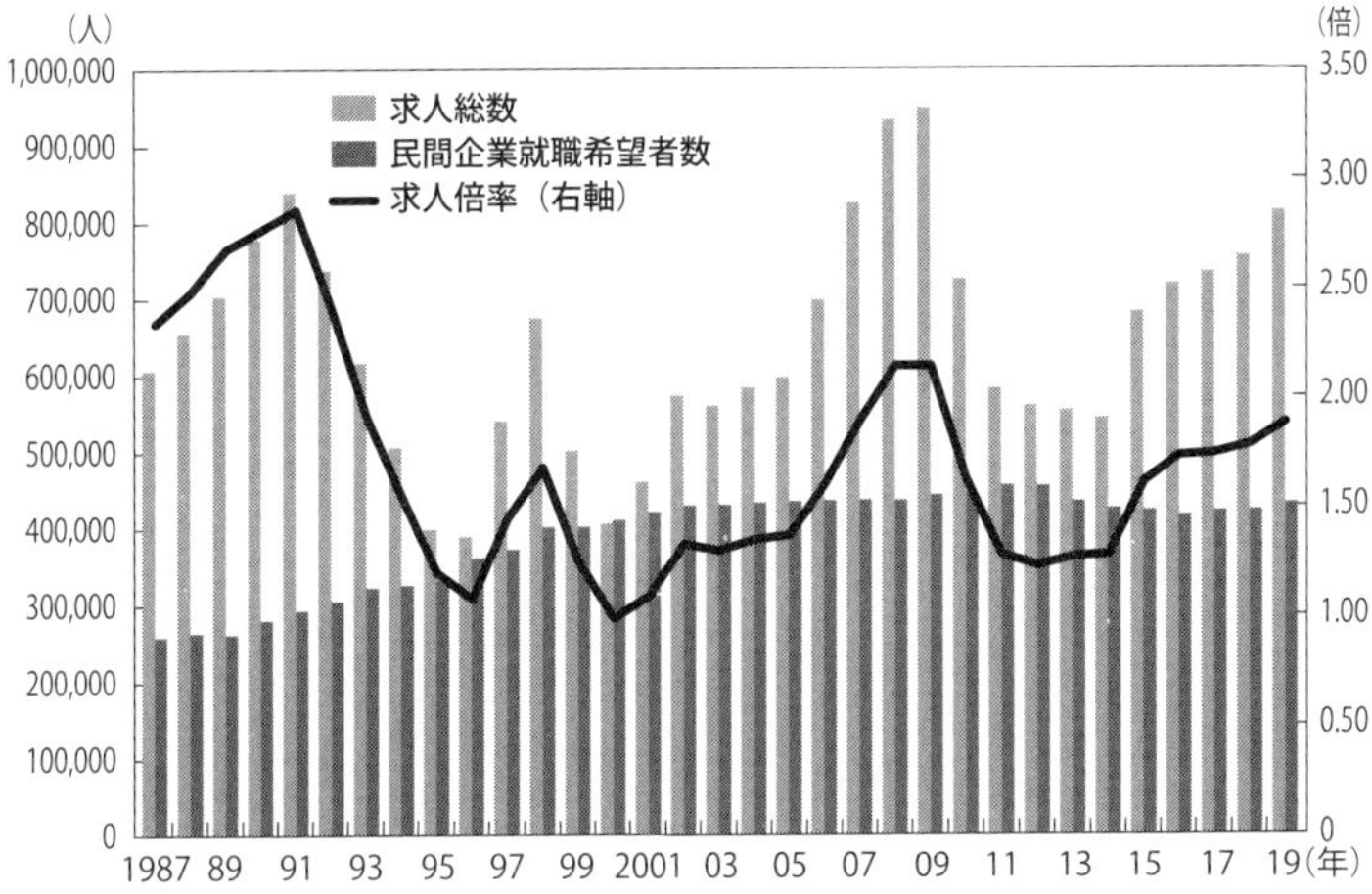

出所：リクルートのデータより筆者作成

2019年3月卒業予定の大卒求人倍率は1・88倍です（図表4-10）。かなり高い水準となっていますが、その中身を見るとやはり、規模の小さい企業が困っていることがわかります。

従業員5000人以上の企業は0・02ポイントの低下の0・37倍でした。1000人から4999人までは1・04倍、300人から999人までは1・43倍です（図表4-11）。

大卒求人倍率が上がっている最大の理由は、従業員300人未満の企業です。これらの企業の求人倍率は実に9・91倍で、約10社に1社しか、大卒の新人を獲得できない計算です。

すでに説明したとおり、経済における自

図表4-11　企業規模別の大卒求人状況

卒業年	2013	2014	2015	2016	2017	2018	2019	増減
300人未満								
求人総数（人）	266,300	262,500	379,200	402,200	409,500	425,600	462,900	196,600
民間企業就職希望者数（人）	81,400	80,600	83,900	112,100	98,500	66,000	46,700	−34,700
求人倍率	3.27	3.26	4.52	3.59	4.16	6.45	9.91	6.64
300～999人								
求人総数（人）	131,100	126,900	142,000	145,100	147,200	146,200	156,200	25,100
民間企業就職希望者数（人）	140,300	123,600	119,200	118,100	125,300	100,700	109,100	−31,200
求人倍率	0.93	1.03	1.19	1.23	1.17	1.45	1.43	0.50
1,000～4,999人								
求人総数（人）	110,300	110,500	115,500	123,300	128,200	134,400	143,000	32,700
民間企業就職希望者数（人）	135,600	140,300	137,100	116,700	114,700	132,300	137,600	2,000
求人倍率	0.81	0.79	0.84	1.06	1.12	1.02	1.04	0.23
5,000人以上								
求人総数（人）	46,100	43,600	45,800	48,700	49,400	48,900	51,400	5,300
民間企業就職希望者数（人）	77,200	81,200	83,000	69,800	83,400	124,200	138,800	61,600
求人倍率	0.60	0.54	0.55	0.70	0.59	0.39	0.37	−0.23
全体								
求人総数（人）	553,800	543,500	682,500	719,300	734,300	755,100	813,500	259,700
民間企業就職希望者数（人）	434,500	425,700	423,200	416,700	421,900	423,200	432,200	−2,300
求人倍率	1.27	1.28	1.61	1.73	1.74	1.78	1.88	0.61

出所：リクルート

動調整機能は労働市場でも働くので、企業の規模が小さくなればなるほど、人が集まらないのです。

政府は全体の求人倍率を見て、雇用情勢が改善していることをアピールしたがります。しかし実は、給料水準が低い企業が人手を求めており、そんな安い給料で働きたい人、働かなければいけない人が減っているのです。求人倍率が改善しているというより、規模の小さい企業に存続の危機が迫っていることを物語っているだけです。

つまり、こういう規模の小さい企業は、生産性を上げて支払える給与を高めていかないと、まったく人が採れない。有効求人倍率はそれを如実に映し出しているのです。求人倍率の高騰は、決して喜ばしい経済情勢のサインではなく、政策を変えろという経済からの警告なのです。

中小企業の数を維持しようとすれば労働者がその犠牲者になるだけです。一方、放っておけば企業は自然と減ります。国は今までのように、この健全化のプロセスを邪魔するべきではありません。

今、非常に多くの企業が後継者不足で悩んでいます。帝国データバンクは、3社に1社が後継者不足に悩んでいると報告しています。しかし、その企業の持続性と収益性に大きな魅力があるのであれば、跡継ぎは現れるはずです。跡継ぎが現れないということは多かれ少なかれ、魅力がないからです。

ならば、無理をして跡継ぎを探すより、統合してくれる企業を探したほうがいいでしょう。まさに一石二鳥です。

企業統合は社員の給料を上げる

企業の規模が大きくなると、その企業の安定性と持続性が高くなり、生産性も追求できます。存続が難しい中小企業が統合し、規模を大きくすれば、生産性が上がって持続性も高まり、給料も増やせます。

私は文化財の補修を営む小西美術工藝社という会社の社長を務めていますが、この業界でもこれを痛感しています。文化財業界は小さい企業があまりに多く、ゼネコンは小さい企業同士を過当に競争させ、小さい企業は泣き寝入りを強いられています。このような大企業と中小企業の関係を中小企業の規模拡大によって是正することは、中小企業の給料の上昇につながります。

人手不足が叫ばれる昨今、統合したからといって社員のクビが切られるというのは考えづらいです。つまり、2つの企業が一緒になれば、社員が幸せになる確率が上がるのです。

統合によって減るのは、社長のイスというポストだけです。小さな企業を守るというのは、実は労働者ではなく社長を守っていることになるのです。

日本経済は社長たちだけの幸せを追い求めるのでしょうか。存続が難しい会社を無理やり存続させるために、国民と国家は負担を負い続けなければならないのでしょうか。そんなバカな話はありません。

労働人口が半減するのに企業数を維持すれば、人口に占める社長の割合は今の2倍になります。世界的にはこの比率が下がっているのに、日本だけ上げるのは現実的ではありません。果たして、そんな余裕を、誰がどう負担するのでしょうか。

企業統合促進政策

では、国はどのような政策を講じるべきでしょうか。企業統合促進政策です。

日本政府は、中小企業の数が減るのを嫌う傾向があります。中小企業の数が減ると、雇用に悪影響が出る。中小企業が破綻して数が減ると、その企業が持つ技術が失われる。そのような声をよく耳にします。

ここにはいくつか看過してはならないポイントがあります。

まず、日本ではこれから人口が減るので、企業の数が減っても雇用への影響は大きくなりません。雇用に悪影響が出るという心配は、人口が増加していた時代の名残でしかありません。

すでに説明したように、人口が減る日本では、Last man standing利益を得るための戦いの結果、中小企業の減少は破綻という形で実現する可能性が高いのです。

しかし、一部の破綻は避けられないかもしれませんが、可能なかぎり企業の破綻は避けるべきです。人が仕事を失って、新しい仕事を探すのは決して効率的なプロセスではないからです。よく指摘されるように、企業破綻にともない、それぞれの企業が持っていた技術が失われることもあります。このように破綻は破壊的な現象以外の何物でもないので、できるだけ避けたほうがいいのです。

では、企業を破綻させる以外に、どのように企業の数を減らすべきでしょうか。

統合です。

大企業の間では、企業の統合がかなり活発に行われているのは、すでに説明したとおりです。

政府は、企業統合をさらに促進する必要があるのです。

国が生産性向上を国策として宣言し、企業統合促進のための政策を実行することによって、明確な方向性を示すと同時に民間にインセンティブを与えることができます。しかし、人間は正論だからといって、素直に動いてくれるとはかぎりません。動く理由を与える必要があります。

特に日本経済はきわめて大きいので、今の非常に低い生産性を劇的に向上させることは、そう簡単ではありません。

今の社会保障制度を維持するためには、生産性向上は不可避です。全国民に徹底的にそのことを認識させ、国を挙げて取り組むべきです。そのための秘訣を第5章で説明します。

参考文献

Danny Leung, Césaire Meh, and Yaz Terajima, "Firm Size and Productivity," Bank of Canada Working Paper, 2008-45, November 2008.

John Haltiwanger, Henry Hyatt, and Erika McEntarfer, "Firm Size, Wages, and Productivity," mimeo, Center for Economic Studies, U.S. Census Bureau, December 10, 2014.

Dan Andrews, Chiara Criscuolo, and Peter N. Gal, "The Best Versus the Rest: The Global Productivity Slowdown, Divergence Across Firms and the Role of Public Policy," OECD Productivity Working Papers, No.5, November 2016.

Dany Bahar, "The Middle Productivity Trap: Dynamics of Productivity Dispersion," Global Economy and Development Working Paper, No.107, September 2017.

John Schmitt and Nathan Lane, "An International Comparison of Small Business Employment," Center for Economic and Policy Research, August 2009.

"Small Businesses, Job Creation and Growth: Facts, Obstacles and Best Practices," OECD, 1997.

Anne Marie Knott and Carl Vieregger, "All Hail Large Firm Innovation: Reconciling the Firm Size and Innovation Debate," mimeo, Washington University, March 12, 2015.

Sophie (So-Hyung) Park, "R&D Intensity and Firm Size Revisited," mimeo, University of California Los Angeles, January 22, 2011.

Jinyoung Kim, Sangjoon John Lee, and Gerald Marschke, "Relation of Firm Size to R&D Productivity," mimeo, SUNY, June 2004.

Akiko Nakajo, "Analysis of Firm Size Effect on R&D Activities in Japan," *Journal of Applied Input-Output Analysis*, Vol.2, No.2, 1995.

第5章

最低賃金を引き上げよ

――「正当な評価」は人を動かす

PARADIGM SHIFT 5

最低賃金引き上げで生産性を高める

　世界経済の成長は、ますます生産性向上に依存するようになりつつある。

　最低賃金を継続的に引き上げることで、生産性をつり上げることが可能だろうか。今、世界中で実験が行われている。

先進国の多くは、今後人口増加率が低迷するフェーズに入ります。世界経済の大部分は先進国の経済で成り立っているので、世界的に人口増加による経済成長要因が減少するのです。その分、経済成長における生産性向上要因が果たす役割が大きくなります。

そんな中、日本は突出した規模で人口が減少します。その分、生産性を向上させなければ、日本の経済は猛烈な規模と勢いで縮小します。

あまり意識している人はいないようですが、日本は世界でいちばん、経済成長を生産性向上でまかなわなくてはいけない国なのです。

先進国の場合、子どもの数が増えれば、ゆくゆくは経済がほぼ自動的に成長します。また、人口増加によって経済が成長すると、生産性が上がりやすいこともわかっています。

新しい需要者による需要は経済全体に回るので、ほぼすべての企業はその恩恵を直接的・間接的に受けます。言ってみれば、需要者の増加の効果は、その「普及率」が高いのです。人口が増加する経済は、いわば「自然に成長する経済モデル」です。

一方、人口増加による経済成長要因と違い、生産性は自動的に向上するものではありません。

生産性は、意図的に誰かが上げないといけないのです。自然に伸びる経済から「人為的に伸ばす経済モデル」への転換が求められます。

人口増加率が低下してきているため、福祉制度が充実している欧州を中心に、先進国では生産性を向上させるための政策を探っています。

国や自治体の政策を実行するにあたってもっとも難しいのは、普及させることです。国民や企業がその政策に賛同しているかどうかは関係なく、経済全体の生産性を満遍なく向上させる政策が求められています。

本章では、その政策をご紹介します。

どこにも言及されていない生産性向上の動機

日本生産性本部のホームページには、生産性向上のために実行すべきことが記載されています。

ホームページでは、生産性向上の目的は「雇用の維持と拡大」であるとされています。また「生産性向上のための具体的な方法については、各企業の実情に即し、労使が協力してこれを研究し、協議するものとする」という第2原則が掲げられており、第3原則には生産性向上の「諸成果を公正に分配する」とされています。

しかし、だれがなぜ生産性を向上させるのか、その意思や動機づけに関しては、一切触れられていません。

これは生産性本部だけではなく、海外の学会でも同じです。生産性向上の方法論や成功事例、生産性向上の中身に関する論文はいくらでもありますが、そもそも生産性を向上させるという意識がなぜ生じるかについて触れた研究は見当たらないのです。

マッキンゼーが2014年に発表した「A productivity perspective on the future of growth」というレポートがあります。

これによると、紀元1年から今日までの経済成長要因の47%は人口増加だったものの、今後は人口増加による経済成長は期待できず、経済成長のためには生産性の向上がより重要になるという記述があります。

しかし、その生産性向上をどうやって実現するか、その方法に関しては言及がありません。この件に関して唯一あるのが、

"The overarching insight to emerge from this early MGI research continues to hold a powerful validity: companies, industries, and nations can change their economic prospects only by identifying what it would take to improve their productivity growth."という一文だけです。

要は、国、産業、企業が経済成長の展望を変えるには、生産性向上を実現する要因を検証するしかない、ということです。

私の仮説ですが、アメリカは経営者に高額の報酬を与えることによって、生産性向上の動機を与えようとしているように見えます。それに対して欧州では、人口動向と政治的な思想の違いによって、最低賃金の引き上げによる底上げを図って、経営者を刺激しようとしていると解釈しています。

最大の問題は経営者にある

同じくマッキンゼーが発表した「Why management matters for productivity」というタイトルのレポートでは、生産性向上の最大の足かせは経営者だと分析しています。とりわけ、各国の経済の大半を占める中小企業の経営者の質が低いことが問題だと指摘しています。

特に興味深いのは、マッキンゼーのこれまでのさまざまな分析の結果、各企業の経営者の生産性に関する自己評価と、マッキンゼーの評価が大きく食い違っていたという点です。経営者自身による生産性向上の実績の評価は、マッキンゼーの評価よりかなり高いケースが多く、自己評価と分析による評価の間に、ほとんど相関がないのです。

マッキンゼーのレポートを見るかぎり、生産性の向上に関しては「競争の結果の産物である」という程度にとどめており、これ以上の深い見解は見られません。

一方で、私が本書で繰り返し指摘しているように、マッキンゼーも人口増加による経済成長は期待できず、年金と借金問題を抱えた国では生産性向上に大きく舵を切る必要があると指摘しています。

国家としては、経済成長の要因が人口増加であろうが生産性の向上であろうが、GDPが増えて税収などが増えているのであれば、問題はありません。人口が増加しているのであれば、各企業の生産性がどうなっているかには踏み込む必要はありません。

しかし、人口増加による経済成長要因が低下すると、生産性向上が経済成長の唯一のよりどころになるので、企業の生産性向上が国の命運を握ることになります。ですから国としても、1つひとつの企業の経営に踏み込まないといけないのです。

マッキンゼーも指摘していますが、生産性向上は以前のように各企業に任せておける問題ではなくなりました。先進国ではすでに、国策として国が主導しなくてはいけない時代を迎えているのです。

生産性と最低賃金

現在、欧州を中心に、生産性を向上させる効果がもっとも期待され、実施されている経済政策は、継続的な最低賃金の引き上げです。最低賃金と生産性の間に、強い相関関係が認められるからです（相関係数は0・84。図表5－1）。

「卵が先か、鶏が先か」という議論は当然あります。生産性が高いから最低賃金が高いのか、最低賃金が高いから生産性が高いのか。これはきわめて根本的な問題です。しかし、相関関係がきわめて強いことは間違いありません。

さまざまな国のエコノミストたちは、最低賃金と生産性の相関があまりにも強いので、「生産性が高いから最低賃金が高くなった」という可能性はとりあえずおいておくことにしました。まずはその相関が強い以上、発想を変えて、「最低賃金を引き上げることによって生産性を向上させられるのではないか」という仮説を立て、実験を始めているのです。これも大きなパラダイム

図表5-1　最低賃金と生産性には強い相関がある

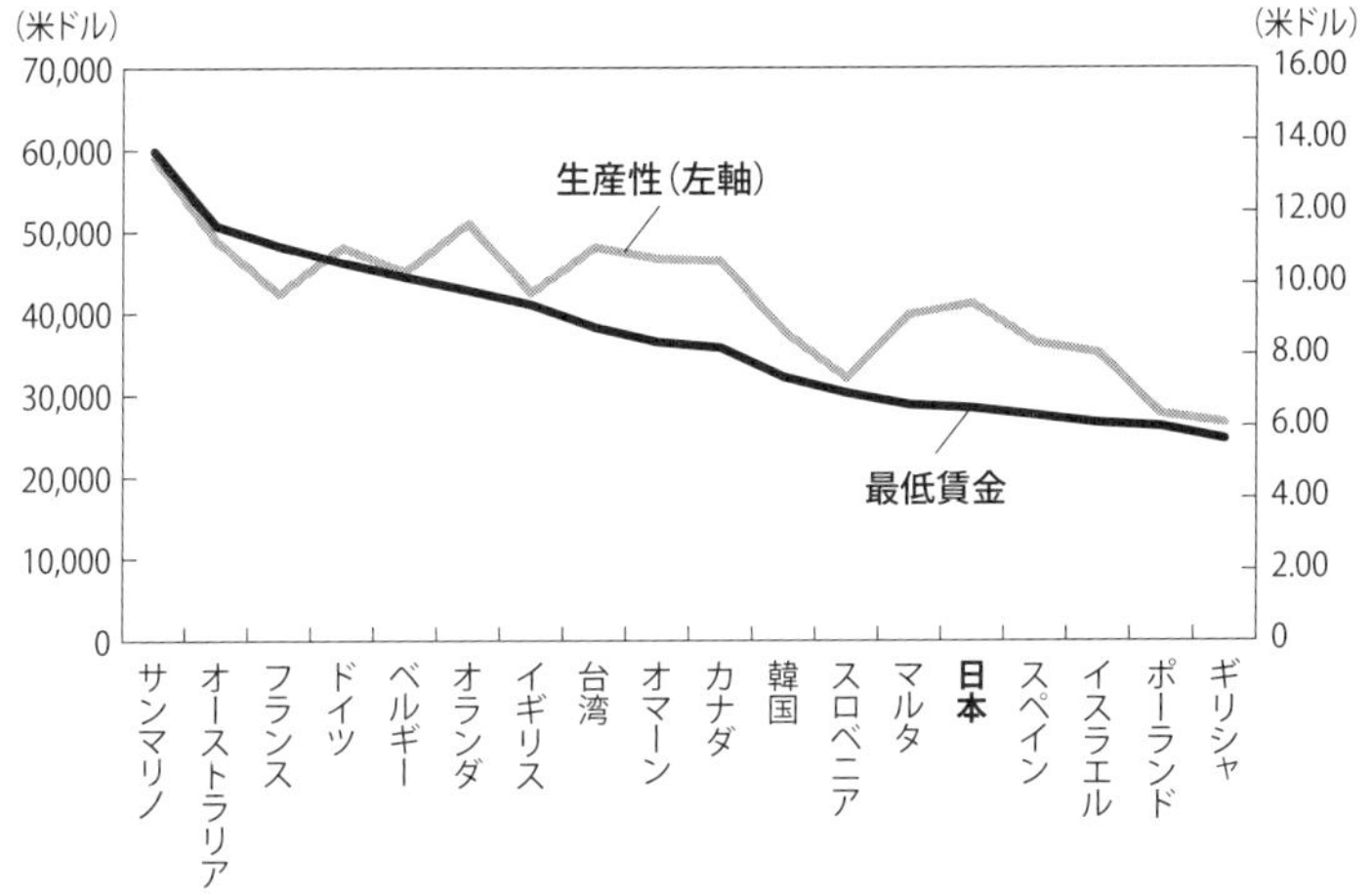

出所：IMF、各国政府のデータより筆者作成

シフトと言えます。

その中で、後ほど説明する特殊要因もあって、世界中のエコノミストが注目し、こぞって研究をしている国があります。

その国が、イギリスです。イギリス政府は1999年に最低賃金制度を導入しました。その後、何年間にもわたって、毎年最低賃金を引き上げてきました（図表5－2）。

図表5－2で示している最低賃金は、もっとも多くの労働者に適用されるメインレートです。若い人に配慮するため他にも研修生やアルバイトのためのレートがあったり、何回も制度が変更されて時系列で示しづらいので、もっとも多くの人に適用される基準値を使っています。

図表5-2　イギリスの最低賃金の引き上げ状況

	メインレート（ポンド）	引き上げ率（%）
1999年4月1日	3.60	
2000年6月1日	3.60	0.00
2000年10月1日	3.70	2.78
2001年10月1日	4.10	10.81
2002年10月1日	4.20	2.44
2003年10月1日	4.50	7.14
2004年10月1日	4.85	7.78
2005年10月1日	5.05	4.12
2006年10月1日	5.35	5.94
2007年10月1日	5.52	3.18
2008年10月1日	5.73	3.80
2009年10月1日	5.80	1.22
2010年10月1日	5.93	2.24
2011年10月1日	6.08	2.53
2012年10月1日	6.19	1.81
2013年10月1日	6.31	1.94
2014年10月1日	6.50	3.01
2015年10月1日	6.70	3.08
2016年4月1日	7.20	7.46
2016年10月1日	7.20	0.00
2017年4月1日	7.50	4.17
2018年4月1日	7.83	4.40
年平均引き上げ率		4.17

出所：イギリス政府の資料より筆者作成

制度としての最低賃金は、イギリスより前に導入している国もありました。しかしイギリスがこの実験を始めてから、他にも最低賃金制度を導入し、引き上げる国が増えています。

最低賃金を引き上げている国には、ある共通の特徴があります。それは、今後大きな人口の伸びが期待できないことです。つまり、人口が増えることによって経済が成長することはもう期待できないので、かわりに生産性を向上させることに対して、強い関心を抱いているのです。

これらの国では生産性の向上に関して、企業より国のほうがはるかに強い関心を持っています。むしろ、企業任せにしていると生産性の向上は進まないと考えている節があり、最低賃金を上げることによって、企業を生産性向上に向かわせているのです。

最低賃金が注目されている理由はもう1つあります。経済への影響度合い、普及率です。最低賃金は非上場企業を含めて、すべての企業に影響を及ぼします。だから政策として使うのに都合がいいと考えられているのです。

最低賃金を上げれば、企業は労働者にそれまでより高い賃金を払うことになります。当然、人件費が上がります。企業は高くなった人件費を何らかの形で穴埋めしなくてはいけなくなります。

これが生産性を高めるための動機となれば、国が狙っていた結果になるという、そういうからくりです。

本当にそんなにうまくいくのか、疑問に持たれる方もいると思うので、後ほどイギリスの例を検証します。

最低賃金引き上げが望ましい6つの理由

そもそも、なぜ最低賃金の引き上げが生産性を向上させるのに好ましいのでしょうか。すでに説明したポイントも含めて、理由は6つあります。

①もっとも生産性の低い企業をターゲットにできる

1つ目は、最低賃金を引き上げることによって、もっとも生産性の低い企業をターゲットに、生産性の向上を促したり、経営を変える動機を与えることができるからです。

マッキンゼーのレポートにもあったように、生産性が低い国の場合、その元凶は大企業ではありません。中小企業が足を引っ張っているのです。

しかも、ほとんどの先進国の場合、もっとも生産性の低い企業では、労働者を最低賃金で雇用するのがその企業の存続の基礎になっています。そのため、最低賃金の引き上げは、もっとも生産性の低い企業をターゲットにすることができるのです。

②効果は上に波及する

2つ目は、最低賃金を引き上げると、最低賃金で働いている人だけではなく、その上の層、またその上の層にも、影響を波及させることができるからです。

現行の最低賃金より少しだけ多くもらっている人は、新しい最低賃金が設定されると、給料が最低賃金以下かそれに近い水準になってしまいます。こういった人は、よりよい賃金を払ってくれる職場に転職しようと考えます。企業としては、転職を防ぐためには賃金を上げる必要があります。

こういった影響が玉突きのように波及し、賃金全体が上がると考えられるのです。このような連鎖は「spill over effect」と呼ばれています。別の言い方をすれば「底上げ効果」と言えます。

③消費への影響が大きい

3つ目は、最低賃金で働いている人は、もっとも消費性向が高いことが確認されているからです。

大企業の賃上げももちろん効果はありますが、小さい企業で働いている、もっともお金のない人たちの賃金を上げたほうが、より消費に向かいやすいのです。これは経済に直接的なプラス効果をもたらします。

④雇用を増やすことも可能

4つ目は、引き上げ方次第では雇用を拡大することも可能だからです。上手に最低賃金を引き上げると、今まで就職することに価値を感じなかった人にも、就職する意欲が生まれ、労働市場への参加率が上がることが確認されています。

⑤労働組合の弱体化

5つ目は、先進国は労働組合が次第に弱体化している国が多いからです。労働組合に加入している労働者の割合が低下していますので、労働者の交渉力が低下しています。生産性向上を強制させたい国は労働組合にかわって最低賃金を引き上げ、労働分配率を向上させることができます。

⑥生産性向上を「強制」できる

6つ目の、そして最大の理由は、最低賃金の引き上げには生産性を上げる「強制力」があることです。

最低賃金でたくさんの人を使っている企業にとっては、その人材が優秀であればあるほど、またその賃金が安ければ安いほど、人を使う動機が強くなります。この状況は革新的技術の普及に悪影響をおよぼすため、生産性は向上しにくくなります。

逆に、人材コストが継続的に高くなると、経営者は考えざるをえなくなります。少なくとも、最低賃金が高くなると、最初に「利益」が圧迫されます。だからといって増えた分の人件費を価格転嫁するのは、簡単ではありません。

利益は株主と役員の取り分ですので、困るのは経営者です。そこで経営者は、価格転嫁するためにも、利益を取り戻すためにも、生産性を高める必要性を感じ、そこに一種の強制力が働くのです。

このようなプロセスを経て生産性が向上することを、最低賃金の引き上げを行った欧州の各国政府は期待しているのです。

イギリスの最低賃金導入の経験

ここからは、最低賃金導入後のイギリス経済に関する分析結果を紹介していきます。なぜ、イギリスだけを取り上げるのか、それには大きな理由が4つあります。

①イギリスには「最低賃金」がなかった

1908年、イギリスの各業界に「Wages Council」が設置されました。しかし1993年に廃止されてしまい、1993年から1999年までの間、イギリスには最低賃金というもの自体がありませんでした。

学問的に最低賃金の導入による影響を見たい場合、もともと制度のない国の導入前と導入後の経済を分析すれば、その影響だけをきれいに検証することができます。最低賃金がすでに導入されている国で引き上げが行われた場合、導入されている事実とその影響がすでに生じているので、引き上げの効果を検証するには複雑な分析が必要となります。

イギリスには最低賃金がない時期があったので、最低賃金導入の影響を見るのには最適なデータサンプルとなります。

②イギリスは生産性が低かった

次に大事なことは、イギリスは生産性も所得水準も、他の欧州諸国と比較すると相対的に低かったことです。1人当たりのGDPや所得の中央値に対する低所得者の賃金水準も、かなり低かったのです。

イギリスで最低賃金が導入された当初、政府はあまり広範囲に対象者を広げることはせず、労働者の約6％が影響を受ける程度の水準に止めました。しかし、2000年代に入って、より大きく最低賃金を引き上げ、その結果、最近では所得水準の中央値に対するイギリスの最低賃金の水準は、他の欧州諸国並みに上昇し、さらに上を行こうとしています。

「Raising Lower-Level Wages: When and Why It Makes Economic Sense」では、1990年から2012年の間に、12カ国の先進国の中で収入格差がもっとも大きく縮小したのがイギリスだったことが報告されています（図表5-3）。

③徹底的な検証がなされている

3つ目の理由は、イギリスの最低賃金導入の影響が、徹底的に分析されていることです。先述したように、イギリスの条件は、学者が好む科学的で実験的な分析に適しています。また英語圏であることも、数多くの研究者が研究テーマとして取り上げやすかったのでしょう。

図表5-3　所得格差の指数の推移

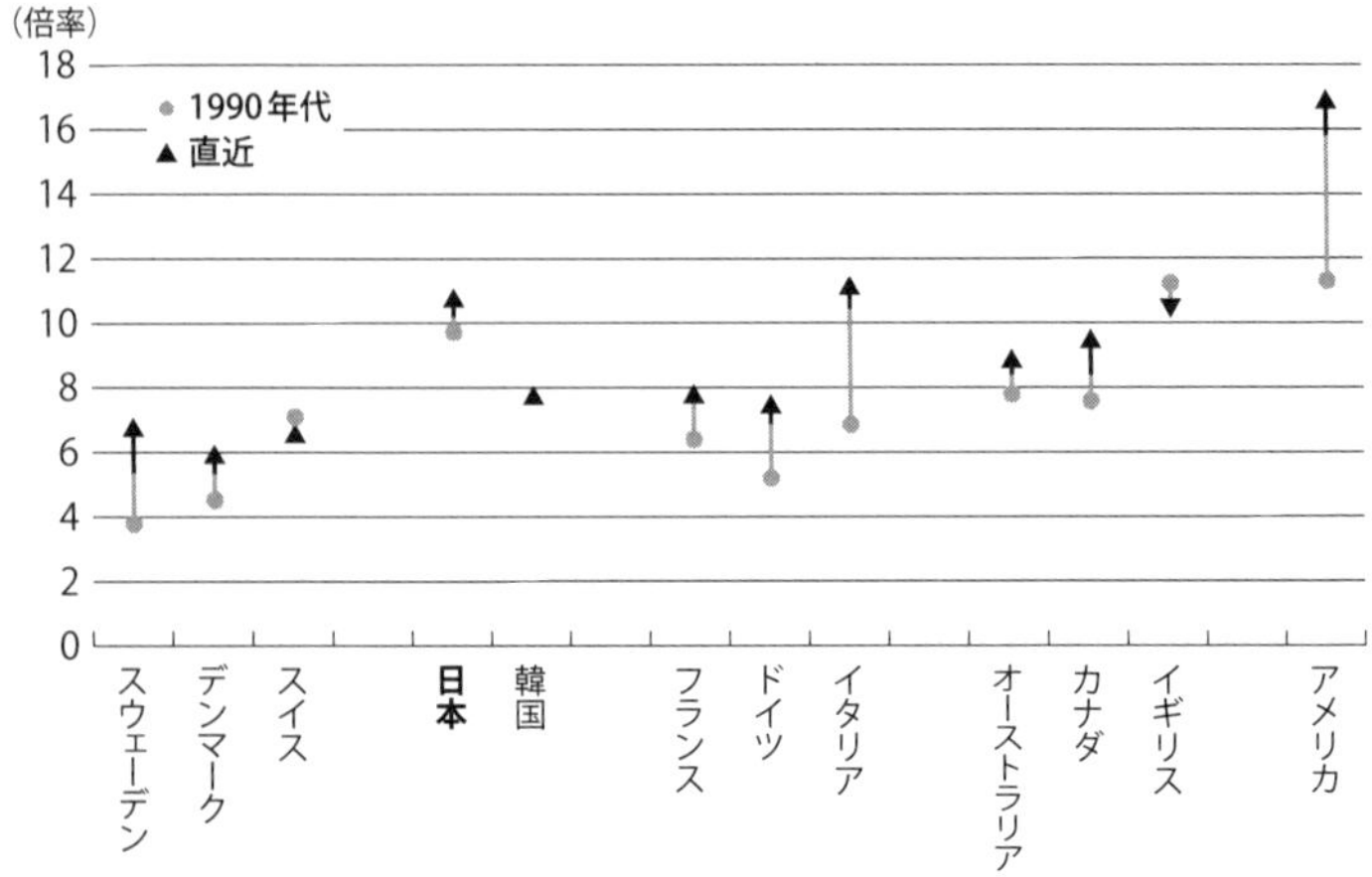

注：数値は最下位1割の平均所得に対する最上位1割の平均所得の倍率
出所：OECD

イギリス政府にとって最低賃金の導入は大きな政治的転換だったことも、さかんに研究された要因です。イギリスでは1997年に最低賃金の導入を選挙のマニフェストの目玉に掲げた労働党が勝利し、ブレア政権が誕生しました。

最低賃金に関しては保守党が大反対をしていたので、失敗したら政権が代わります。そこで、成功なのか失敗なのか、徹底的に分析されたという経緯があったのです。

④経済規模が大きい

最後の理由が、イギリス経済の大きさです。日本と比べると小さな国ですが、それでもイギリスの人口は約6600万人です。GDP総額は、アメリカ、中国、日本、ドイツに次いで世界第5位です。

生産性向上の議論では、ルクセンブルクやシンガポール、香港などが生産性の高い国として取り上げられます。それらの国の取り組みを分析し、成功例として紹介するマスコミ報道もよく見かけます。

しかし、これらの国々の人口規模はあまりに日本と違いすぎます。これら人口小国では異常値が出やすく、人口大国の日本にとってはあまり参考になりません。

イギリスの人口も日本の約半分ですが、労働人口が増え続けるイギリスと激減していく日本の労働人口は、これから40年間で次第に収斂すると予想されています。ですから、イギリスの最低賃金導入の経験は、統計上、大いに参考にできると考えられるのです。

最低賃金を引き上げると失業者が増えるのか

日本で最低賃金を引き上げるべきだという議論をすると、「最低賃金を引き上げたら、失業者が大量に増える」という反論が巻き起こります。実際、イギリスでも後に首相になる保守党のデービッド・キャメロン氏や、日本で言うと経団連にあたる「Confederation of British Indus-

図表5-4　新古典派モデル

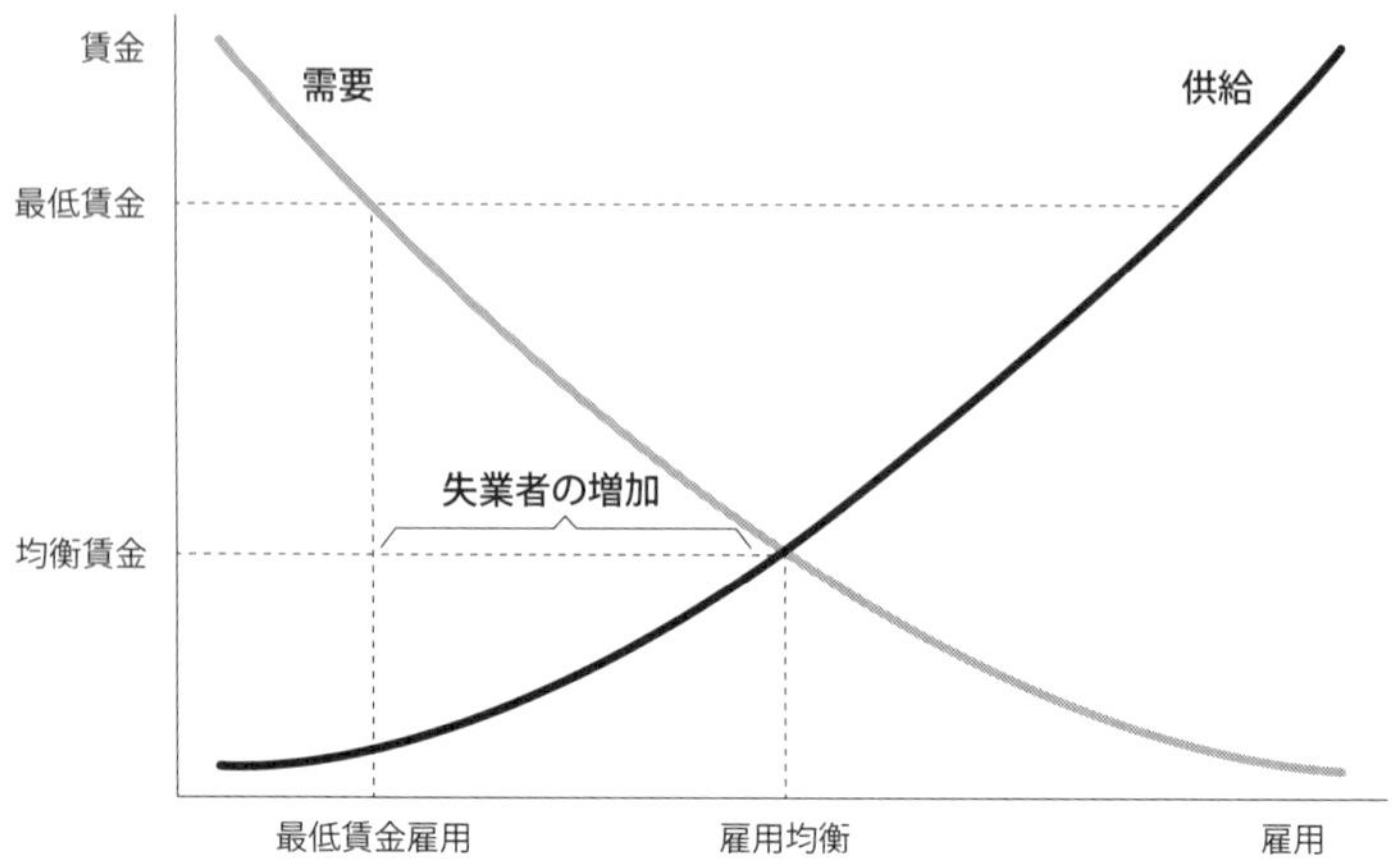

try」という団体も、同じ理屈で猛反対していました。

後段で紹介しますが、アメリカの学者の一部は、いまだに同じ理屈を使って最低賃金の引き上げに反対の意見を展開しています。

最低賃金を上げると失業者が増えるという理屈は、新古典派経済学の説に由来します。

新古典派経済学では、労働市場では企業間の競争の下、価格形成が効率的に行われているという前提がおかれています。ですから、価格を均衡価格より高く設定すると、供給が増える半面、需要が減り、失業者が増えると論じています。需給と価格形成が、完全に効率的であるという前提を設けたら、たしかにそうなるでしょう（図表5－4）。

しかし、この説は教科書の中だけの理屈です。今回のイギリスの例は、現実の世界で初めて、この理屈が正しいのか正しくないのかを確認するためのデータがとれたケースとなりました。

研究が進むにつれて、実際の労働市場は教科書に書かれているほどには効率的ではないことがわかってきました。その結果、この仮説が否定されるに至ったのです。この件に関しては、後段であらためて説明します。

「The Impact of the National Minimum Wage on Employment」では、800以上の論文を分析し、その結果を検証しています（このように多数の論文を横断的に分析することを「メタ分析」と言います。一般的に、個別の論文よりもメタ分析のほうが、信頼性が高いと考えられています）。

その結果、もともと最低賃金が設定されていた場合、最低賃金の水準を引き上げても、総じて雇用が減少することはないと断言しています。ただ、全体としては雇用へ影響がないものの、たとえば女性パートタイムワーカーなど、特定の分野では影響が確認された分析もあるといいます。

イギリスの実例

ここからは、最低賃金を導入した後、イギリスで何が起きたのか、詳しく見ていきましょう。

失業への影響はなかった

イギリスでは、2018年に25歳以上の最低賃金が7・83ポンドに引き上げられ、1999年の3・6ポンドの2・2倍になりました。にもかかわらず、2018年の6月の失業率は4・0%で、1975年以降の最低水準です。この水準は、1971年から2018年までの平均である7・04%を大きく下回っています。

2015年に発表された「The impact of the National Minimum Wage on UK Businesses」では、最低賃金導入による失業率への影響は確認されないと書かれています。また、企業の廃業が増えるなどの悪い影響も出ていません。

むしろ最低賃金で労働者を雇っていた企業の多くは、利益が減少したことに対し、生産性向上を図って対応したことが確認されています。これは政府の狙いどおりの結果です。

サービス業がより影響を受けた

また、2004年の「The Impact of the National Minimum Wage on British Firms」には、日本にとって大切な示唆がいくつも書かれています。

イギリスの最低賃金導入の影響を受けた企業は、製造業が16%だったのに対し、サービス業では全体の43%にのぼりました。また、最低賃金の影響をもっとも受けた企業の生産性は、あまり影響のなかった企業の生産性を45%も下回っていました。

最低賃金の導入は、製造業にはほとんど影響を及ぼしませんでした。サービス業では、失業が増えることもなかった一方で、生産性が1998年から2000年の間に11%も改善しています。これは日本にとって、もっとも注目すべきデータのひとつです。

生産性が向上した

最低賃金を設定することによって生産性が向上するという現象は、他の論文でも確認されています。

「The Impact of the UK National Minimum Wage on Productivity by Low-Paying Sectors and Firm-Size Groups」では、最低賃金と生産性の弾力性は1で、サービス業の弾力性は製造業より高いと報告されています。その理由は、サービス業のほうが人をより多く使っているので、コストに占める人件費の比率が高いからだと分析されています。

「Raising the Standard: Minimum Wages and Firm Productivity」でも同じ結果が報告されています。同論文では、イギリスの中小企業の特徴について言及しています。中小企業は経営のレベルが低い上、技術の普及が遅れており、特に従業員20人未満の企業は環境の変化に事後対応をする傾向が強いと指摘されています。ここでもやはり、従業員20人未満の企業が問題として注目されています。

生産性の高い企業ほど雇用を増やした

この論文では、非常に重要な発見がなされています。それは、最低賃金の引き上げによって、生産性の低い企業ほど雇用を増やせず、生産性の高い企業ほど雇用を増やせるようになっていることです。その結果、個々の企業の生産性向上に効果があっただけではなく、全体に占める生産性の低い企業の比率が下がるという、プラスの効果も確認されています。

人を減らしても効果は見られない

韓国についても、最低賃金引き上げの効果が研究されています。「Minimum Wage Introduction, Employer Response, and Labor Productivity of Firms: Evidence from South Korea」によ

ると、韓国では企業が人を減らして機械を導入する傾向は確認されていないと報告されていま す。人を減らして、ロボットなどに代用させるのではなく、雇っている人の生産性を向上させて いることが確認できたとも書かれています。

世界中で確認されつつある最低賃金引き上げの効用

教科書に書かれている新古典派の「最低賃金引き上げは雇用に悪影響を及ぼす」という説は、次第に否定されてきています。いくつかの国では最低賃金を引き上げた結果どうなったか、データが集められており、教科書の仮説の真偽が、実体経済の動向を持って検証されています。

結論は、最低賃金を上げるだけで雇用に悪影響を及ぼすという見方は単純すぎで、上げ方によって効果は変わるというものです。

たとえば、最低賃金を引き上げた結果、雇用が増えたという国があります。経済学者がそれを科学的に検証し、結論として発表している要因が、日本にとって示唆を含んだものになっています。

すなわち、最低賃金を引き上げることにより、女性、若者、高齢者など、それまで仕事をしていなかった階層の人たちが、新しい水準の賃金に刺激を受け、労働市場に参加するようになり、労働市場の拡大につながったという結論です。

「The macroeconomic consequences of raising the minimum wage: Capital accumulation, employment and the wage distribution」という2018年1月に発表された論文では、アメリカ経済を分析し、最低賃金を15％引き上げると、雇用が0・24％増加し、物的資本も4・04％増加して、生産性が2・19％上がると結論しています。

この論文ではさらに、最低賃金の引き上げ率は15％がベストだと推測しています。これ以上になると次第に悪影響が出始め、24％の引き上げともなると、雇用は2・75％減るとの分析結果が示されています。ただし、アメリカは1人当たりGDPに対する最低賃金の比率が低いので、その点は考慮するべきです。

この論文では、最低賃金の引き上げが、企業の規模拡大にも貢献すると指摘していることも非常に興味深いです。

最低賃金の引き上げによって、さまざまな副産物的な効果も発見されています。

International Labour Organizationがまとめた「Minimum wages and labour productivity」には（それ以外のいくつかの論文にも書かれていますが）、最低賃金を引き上げると社員のやる気が高まり、スキルアップのための研修への参加率も高まるとあります。その結果、離職率が下がり、離職者の増加にともなう企業の求人コストなども減るのです。

OECDがまとめた「The Best Versus the Rest: The Global Productivity Slowdown, Divergence across Firms and the Role of Public Policy」は、生産性の高い企業と低い企業の生産性ギャップが拡大していることを危惧しています。一方、最低賃金の引き上げによって、生産性の低い企業を刺激することができるという期待も示されています。

韓国の2018年の最低賃金の教訓

先ほど、最低賃金の極端な引き上げは雇用に悪影響をもたらすという研究結果を紹介しました。それをやってしまった国があるので、ご紹介します。

日本の最低賃金を引き上げるべきだと主張すると、必ず反論が沸き上がります。その反論の根拠として使われるのが、韓国で２０１８年１月に実施された16％の引き上げです。たしかに韓国の場合、失業者の増加など、引き上げによる悪影響も確認できます。

しかし、韓国で悪影響が出たのは、引き上げ方に問題があったからです。韓国で一気に16％も引き上げるのは、さすがに極端すぎました。

韓国の例を出す人たちは、日本の経済力の強さを絶賛し、普段は「韓国の経済は輸出に頼りすぎている」「技術力は日本と比べ物にならない」など、韓国経済を厳しく評価しているわりに、この件にかぎっては韓国の例を都合よく使っている印象を持っています。まぁ、皮肉です（笑）。

日本の人材評価は世界第4位なのに対し、韓国は第32位です。たしかに、韓国で日本より高い最低賃金を設定すると、影響が出るのは避けられないでしょう（図表5-5）。しかし、人材評価第32位の国の例を、都合よく世界第4位の国に当てはめて使うというのはいかがなものかとも思います。


いずれにせよ韓国の例が示唆するのは、先ほど紹介した論文にもあるように、その国の経済の実情を踏まえた適切な引き上げ方をしないと、失業者が増える場合もあるということだけです。最低賃金を引き上げると失業者が必ず増えるという単純な話ではありません。

韓国の場合、16％引き上げる前の最低賃金の水準も、決して低いわけではありませんでした。ですから、人材評価に比べて引き上げ幅が極端だったのだと考えるのが妥当でしょう。

図表**5-5**　**各国の最低賃金**

国名	最低賃金（購買力平価、米ドル）
サンマリノ	13.68
オーストラリア	11.60
ルクセンブルク	11.55
フランス	11.03
ドイツ	10.56
ベルギー	10.15
オランダ	9.78
ニュージーランド	9.76
イギリス	9.38
台湾	8.75
アメリカ	8.50
オマーン	8.34
カナダ	8.18
サウジアラビア	7.62
韓国	**7.36**
スロベニア	6.92
マルタ	6.59
日本	**6.50**
スペイン	6.30
イスラエル	6.09
ポーランド	5.99
ギリシャ	5.64
香港	5.41

出所：各国の資料より筆者作成

韓国とは対照的に、イギリスでは最低賃金を導入し、徐々にその水準を上げていますが、雇用に悪影響は出ていません。イギリスは今まで20回にわたって、平均して年間4・17％引き上げてきました。もっとも大きい引き上げ率は2001年から2002年の10・81％ですが、それ以降、3回も7％の引き上げを実施しています。にもかかわらず、雇用への悪影響は出ていないという事実は、見逃すべきではないでしょう。

生産性向上か、価格転嫁か、利益減少か

さまざまな論文でも確認できるように、イギリス企業は最低賃金の導入に対し、主に生産性を向上させることによって対応しました。しかし、当然ながら、それだけですんだわけではありません。

雇用を減らしていないので、最低賃金を上げるなら、生産性を高めるか、利益を減らすか、価格を上げるかしかできることはありません。

では、どのような方法がとられたのか、それを分析した報告もあります。

「The Impact of the National Minimum Wage on Profits and Prices: Report for Low Pay

Commission」では、1999年の最低賃金導入の後に、労働者の4～5%の給料が10%上昇した結果、失業は増えなかった一方、企業の利益は9・3～12・8%減ったことが報告されています。これがいちばん大きな影響でした。

企業の廃業率はほとんど変わらなかったので、弱い立場の低所得者をこき使っていた企業が、それまで得ていた過剰利益の一部を労働者に還元した可能性があると指摘しています。

インフレ率への大きな影響は確認されていません。その理由として、もっとも影響を受けた企業が特定の産業に集中していたわけではないので、価格転嫁がなされたとは言えないと分析されています。

「The Effect of the Minimum Wage on Prices」では、アメリカの最低賃金が10%上がると、食料品の価格が約4%上昇するものの、全体の物価水準に対する影響は0・4%にとどまると分析しています。

イギリスのFinancial Timesの記事（2015年11月18日）では、1037社の経営者に、最低賃金の引き上げにどのように対応するかを聞いた結果が紹介されています。

それによると、「生産性を向上させて対応する」と答えた経営者が約3割と、もっとも多かったということです。ちなみに、次に多かったのが「利益を減らす」「残業の削減」でした。15％は新規採用を減らす、社員数を減らすと回答したようです。

日本では、最低賃金を大きく引き上げるべきだという指摘をすると、必ずと言っていいほど「雇用が減る」という反論が返ってきます。しかしイギリスでの調査によると、生産性を高めると答えた経営者は、社員数を減らすと答えた経営者の約2倍にのぼりました。これは注目すべき結果だと思います。

技術革新の普及と最低賃金

ＯＥＣＤの「The Best Versus the Rest: The Global Productivity Slowdown, Divergence Across Firms and the Role of Public Policy」というレポートでは、大変重要な分析を紹介しています。

２００８年に起きたリーマンショックの後、「１００年に一度の不況」と呼ばれる大変な事態が起きました。

2007年から2009年までの間とその後、OECD諸国の生産性上昇率は大きく低下しました。実は、生産性上昇率は2001年から低下し始め、2010年を底に、徐々に改善はしているものの、1990年代の水準に比べていまだにかなり低い状態です。

その主な原因として、Frontier firmsとLaggard firmsの格差拡大が挙げられています（図表5－6）。

「Frontier firms」とは、生産性のもっとも高い5％の企業で、「Laggard firms」は生産性がもっとも低い5％の企業を指します。特にサービス業における格差の拡大は有意でした。

このギャップ拡大の要因は、労働生産性の影響もあるのですが、いちばん大きいのは「全要素生産性」のギャップでした。全要素生産性とは労働生産性でも資本生産性でもない、技術革新・業務効率化・規制緩和・ブランド価値などの要因も含む、幅広い生産性の概念です。

2000年代に入ってからFrontier firmsの全要素生産性は高い伸び率を維持しているのですが、Laggard firmsでは伸び率が低く、全体を引き下げているといえます。この動きは業種間で起きているのではなく、各業種内で起きているのがポイントです（図表5－7）。

図表**5-6**　Frontier firmsとLaggard firmsの生産性の推移

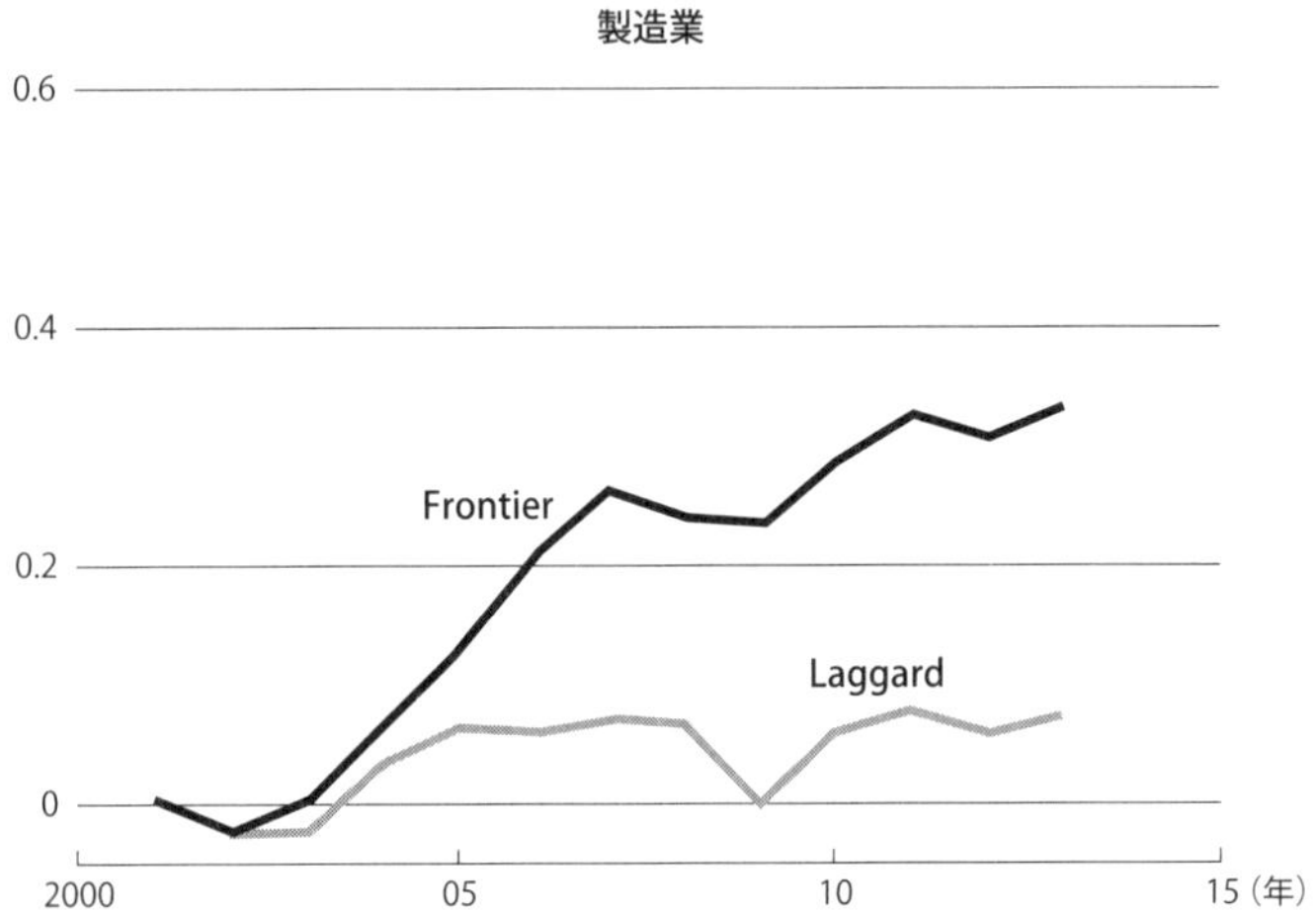

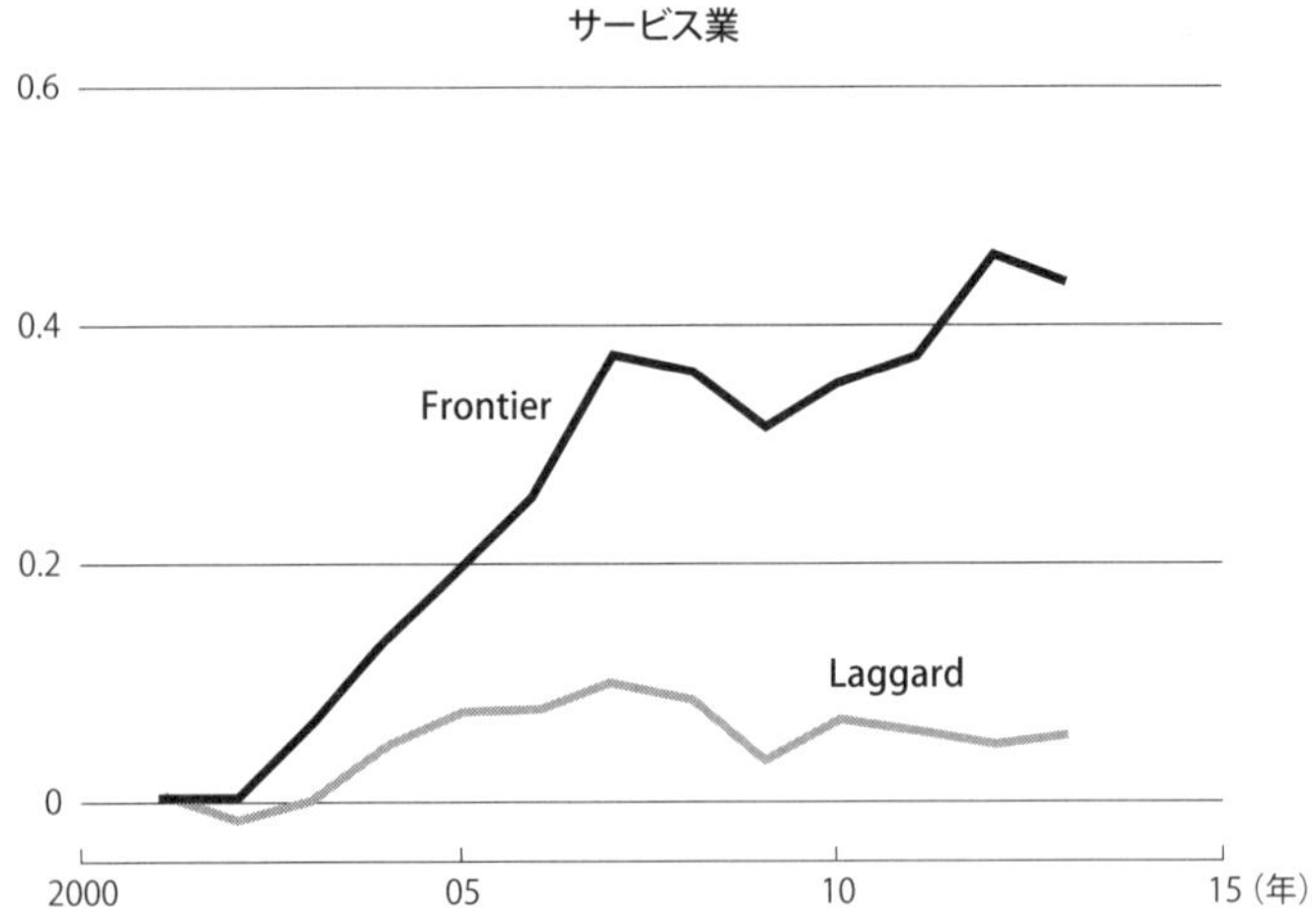

注：縦軸は2001年比の増加率の対数
出所：OECD

図表5-7　Frontier firmsとLaggard firmsの全要素生産性の推移

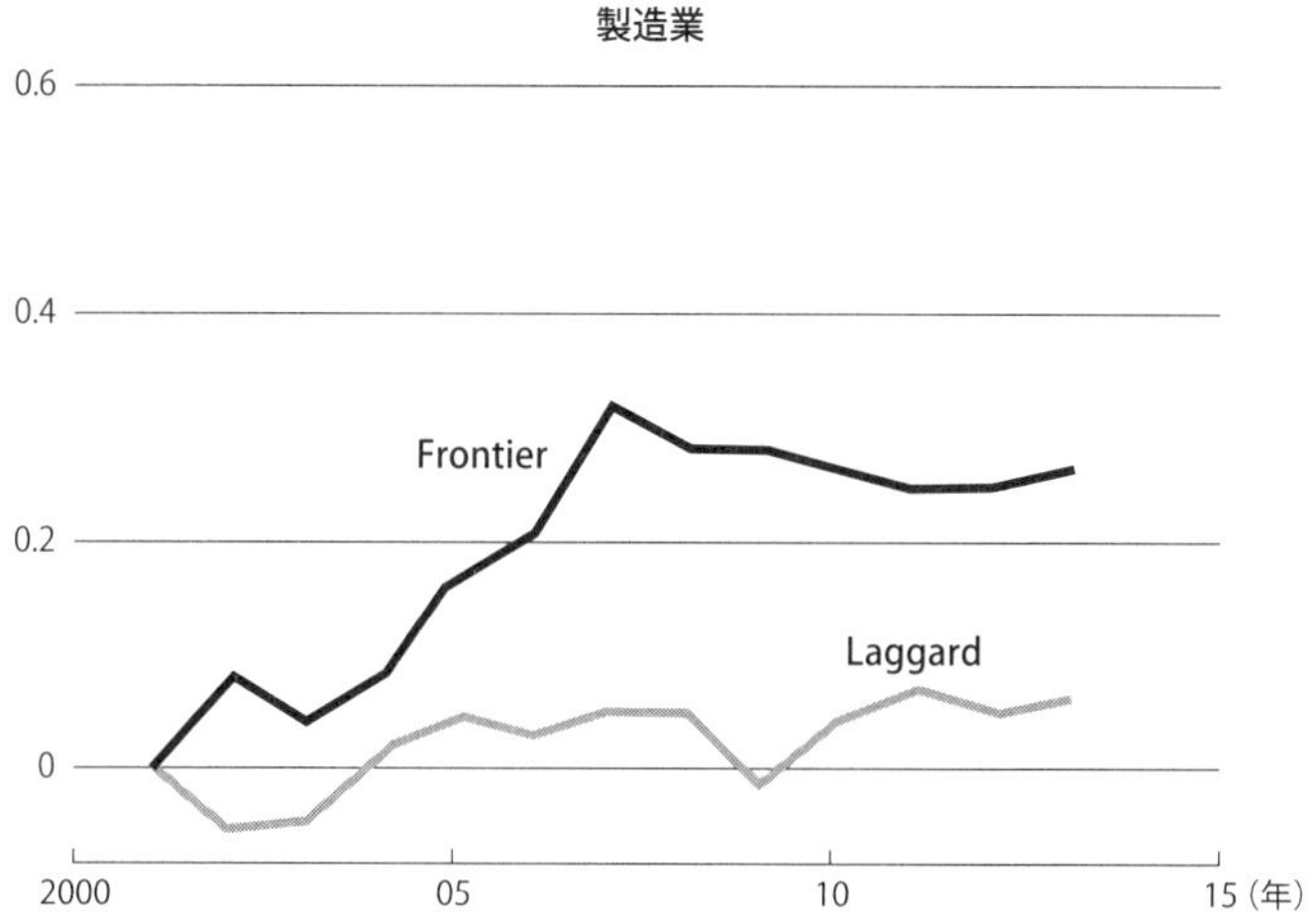

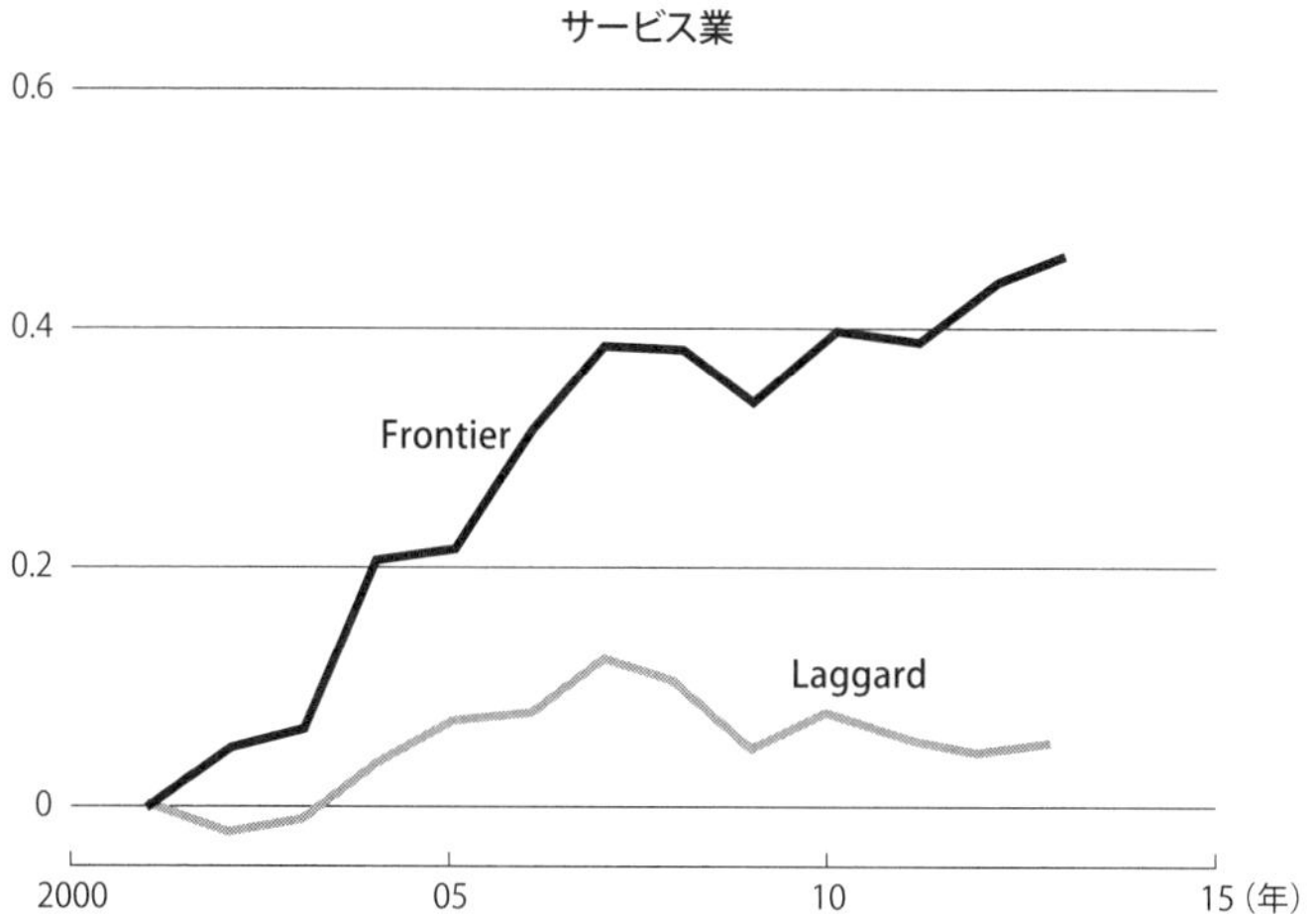

注：縦軸は2001年比の増加率の対数
出所：OECD

全要素生産性のギャップが拡大した理由として、技術革新の普及率が低下したことが挙げられています。

Frontier firmsは引き続き技術革新を進め、そのメリットを享受しているのに対し、より多くの企業は技術の進歩に追いついていないという仮説が立てられています。特に、新しいテクノロジーや技術を上手に組み合わせて活用するためのスキルや暗黙知は、Frontier firmsには蓄積されているのですが、Laggard firmsには不足していると指摘されています。

つまり、テクノロジーを組み合わせるスキルが、経営者などに足りていないと考えられるのです。

やはり問題は「中小企業」にある

Laggard firmsの中身を見ると、中小企業が多くを占めています。中小企業の経営能力が低いことは、OECDもイギリス政府もアメリカ政府も指摘しています。また、これら中小企業は人間を使うことが中心で、テクノロジーを使う比率が低い傾向もあります。こういう中小企業の経営者をどう動かすかが、国の経済政策を実行する際の課題となります。

すべての解決策にはなりませんが、イギリスの例で見たように、1つの答えとして最低賃金の引き上げがきっかけになりうると思います。

イギリスの分析では、最低賃金で人を雇っている企業は、最低賃金を引き上げると生産性を高めて対応しようとすることが確認されています。

もちろん、中にはうまく対応できていない業界もあります。おもしろいのは、もっとも対応できていないのが「美容室」だったことです。美容室は、資本や最新技術などが活用しづらい業種の1つとされています。ですので、この業界で生産性の向上が認められなかったのは、感覚的にはよく理解できる気がします。

しかし、このように例外的な業界を除けば、多くの業界では対応できているのです。このことから、最低賃金の引き上げによって、中小企業も強制的に動かせる可能性が秘められていると総括してもいいと思います。

もちろん、中小零細企業の場合、新しい技術を導入するためのサポートが必要となります。そのサポートに関しては、第7章で論じてみたいと思います。

格差と最低賃金

さらなるメリットもあります。最低賃金は引き上げ方次第で、雇用への悪影響はほとんどなく、格差を縮小させることが可能であることも確認されています。

イギリスでは、「On the Impact of the British National Minimum Wage on Pay and Employment」によると、1999年の最低賃金は所得の中央値に対して47・6％でした。それが、2007年には52％まで上昇しました。政府は2020年までに60％を目指しているそうです。

先進国では格差が拡大している国がほとんどですが、イギリスはその中で格差が縮小している数少ない国の1つになっています。

イギリスでは、1978年から1996年まで一貫して格差が拡大していました。しかし、最低賃金を導入し、所得の中央値に対する最低賃金の比率を引き上げることによって、格差が1989年の水準に戻りました。

1978年から1996年までに開いた格差の約半分が解消された格好です。高所得者層の所得の動向には大きな動きは見られないので、この改善は最低賃金の導入による影響だと、「On the Impact of the British National Minimum Wage on Pay and Employment」に報告されています。

アメリカでも同じような結果が報告されています。

「Wage Inequality in the United States during the 1980s: Rising Dispersion or Falling Minimum Wage?」では、1980年代のアメリカは、インフレ率が高かったにもかかわらず、連邦政府の最低賃金が一度も引き上げられなかったことによって、最低賃金の実質価値が1950年代の水準にまで低下したことが指摘されています。

地域別の違いをベースにして推測すると、1980年代の格差の拡大は、女性の場合最大100%、男性は最大70%が最低賃金の実質的な低下によるものだったとあります。

格差縮小と経済成長

IMFとOECDの両者が、社会における大きな所得格差は、経済成長に悪影響を及ぼすと分析しています。

OECDの「Trends in Income Inequality and its Impact on Economic Growth」では、OECD

加盟国では最上位層10％の人の収入が、最下位層10％の人の収入の約9・5倍と、30年ぶりの高さとなっていることを指摘しています。ちなみに、１９８０年代は約7倍でした。

このような格差が開いているのは、最上位層の収入が高騰しているだけではなく、最下位層の収入が低下しているためであると分析しています。後者の収入は、好景気のときにはあまり上がらず、不景気のときにより下がるとされています。

最上位層と最下位層の収入格差の拡大は、平等や公平性の観点から問題視されることが多いのですが、ＯＥＣＤはそれだけではなく、最上位層と最下位層の格差拡大が経済成長にとって非常に悪い影響を与えることを指摘しています。

なぜなら、最上位層の収入が高騰しても経済成長には結びつかない一方、最下位層の収入減は経済に悪影響を及ぼすからです。したがって、高所得者層に対する減税などの政策より、最低賃金レベルの所得階層の収入を増やす政策のほうが、経済成長を促すのに効果的だと断言しています。

ＯＥＣＤの分析によると、１９９０年から２０１０年までの間、格差が開いていったことにより、世界中で経済成長に悪い影響が出たことが確認できるようです。

格差拡大によって、メキシコとニュージーランドで1人当たりGDP成長率が10％低下、アメリカ、イギリス、スウェーデン、フィンランド、ノルウェーで20％低下しました。日本でも、格差拡大が1人当たりGDP成長率を25％ほど低下させていると分析されています。

女性活躍と最低賃金

どの国を見ても、最低賃金引き上げの恩恵をもっとも受けるのは女性です。なぜなら、最低賃金で働いている比率は、男性より女性のほうが圧倒的に高い傾向にあるからです。

Workplace Justiceによると、アメリカでは2017年8月現在、最低賃金で働いている人のうち、女性が占める割合はほぼ3分の2と推測されています。「Women, Work and Wages in the UK」では、イギリスの場合、62％と計算されています。

「Where the Minimum Wage Bites Hard: The Introduction of the UK Minimum Wage to a Low Wage Sector」に引用されている論文では、イギリスが最低賃金を導入した1999年に、最低賃金の恩恵を受けた人の55％が女性のパートタイマーだったとされています。

最低賃金は設定の仕方によって、男女の賃金格差をなくす効果がかなり高いことが、各種レポートで報告されています。

「On the Impact of the British National Minimum Wage on Pay and Employment」では、イギリスの男性と女性の収入ギャップ（中央値）は1998年の17・4％から2005年の13・0％まで改善されたことが報告されています。

「Women, Work and Wages in the UK」によると、イギリスにおける収入がいちばん少ない下位10％の女性たちは、男性の収入の約95％をもらっています。この層が、男女の収入差がもっとも小さい階層です。一方、最上位層では男性の収入に対して、女性の収入は77％と、いちばん低くなっています。

このように、収入が少ない層ほど男女の収入格差が小さくなるのは、最低賃金導入の影響であると結論づけられており、各層における教育水準などは説明要因にはならないとしています。

新古典派の仮説はなぜ否定されたのか

この分析の結果は、「女性活躍」に止まらない、大きな意義があります。

最低賃金の設定によって賃金を引き上げても、新古典派経済学で論じられている雇用への悪影響は確認できないことと大きく関わっています。

新古典派経済学では、最低賃金を引き上げると雇用が減るとされていますが、その大前提となっているのは、労働力の価格が市場で効率よく、隔たりなく評価されていることです。1人の労働者の労働価格は1つに決まるという前提です。

しかし、イギリスなどでは、すでにその前提は覆されています。

市場はそこまで効率的ではないというのが最近の定説です。学者によっては、労働市場には「効率性がない」とすら論じられています。

なぜ市場が効率的ではないのか、いくつかその理由を挙げることができます。

まずは、仕事や雇用に関する情報が完全ではないこと。労働者は自分の市場価格を把握していないので、より高い収入を得る可能性を活かすことができません。そのため、市場の効率性が損なわれるのです。

次に、転職のコストが障害となっていること。

また、労働者の個人的な事情によって、自分の潜在能力に比較して給与が低い仕事を選択することがあること。女性の場合、この3番目がポイントです。

子どもがいたり、親の介護をしなくてはいけなかったりと、普通の労働条件で働くことが難しい場合、その人のもらえる給与が潜在能力より低くなる傾向があります。こういった人は労働市場での立場が弱くなりますので、本来の生産性に比べて低い給与で働いていることが報告されています。

こういう状態で働いている女性の数はかなり多いので、市場の効率性に大きな悪影響を与えています。こういう女性の存在は、新古典派経済学の大前提が現実的ではないことの証拠ともされています。

先ほどイギリスの例として、最低賃金を引き上げても、相当数の企業では雇用が減らず、利益が減っても廃業は増えなかったと紹介しました。これらの事実から、そもそも最低賃金で働く労働者の大半が、企業に「搾取されていた」という結論が導かれています。

アメリカと最低賃金

最低賃金に関する分析には、おもしろい現象が起きています。

欧州では従来、最低賃金は社会政策の1つとしてとらえられていました。しかし、徐々に経済政策として、その役割が変わってきています。OECDも経済政策として最低賃金を使うことに賛成のようです。

最低賃金の引き上げは、学会など研究者の間での議論を超えて、イギリスのように、実際に政策として実行されています。さまざまな国で導入が進むうち、最低賃金を所得の中央値に対して何パーセントにすべきかという理論的な設定の方法なども、スタンダードができ上がりつつあります。

しかし、アメリカの学会では、最低賃金に猛烈に反対する機運があります。「貧困撲滅には効果がない」「失業者が必ず大きく増える」などという指摘がいまだに挙げられています。

先ほど紹介したメタ分析でも、統計学を使って分析の偏りを見ると、アメリカの論文に大きな偏りが確認されています。おそらく人口動態の違いに、アメリカの偏りの理由があるように思います。

欧州の場合、人口増加が経済成長に与える影響が歴史的に小さかったので、生産性向上に依存する度合いが高かった。そのため、欧州では生産性をどうやって上げるかに必死になる傾向が強い。

一方、欧州に比べて、アメリカは生産性の絶対水準は高いのですが、経済成長は人口増加要因に依存する度合いが高くなっています。人口増加要因が大きいので、年々増える人口分の雇用をどう確保するかのほうに、より強い関心が集まっているのではないかと、論文を見ていると感じます。国民の生活水準の改善よりは、とにかく新規雇用先の確保に必死、という印象です。

アメリカでは人口が増え続けているので、経済は自動的に成長します。そのため、生活水準の向上などは、経済成長のための経済政策という位置づけではなく、社会政策の色が強くなります。

アメリカにおける最低賃金の引き上げには、独特の問題が絡んでいます。Pew Research Centerの2016年の調査では、トランプ支持者のうち最低賃金引き上げに賛成したのは21％、反対したのは76％でした。また、黒人は89％が賛成で10％が反対、ヒスパニックは71％が賛成で25％が反対だったのに対し、白人は44％が賛成で54％が反対でした。最低賃金で働いている人の属性から考えると、アメリカにおける最低賃金引き上げは白人から黒人・ヒスパニックへの所得移転という側面があり、政治的に複雑なのです。

このような条件の下、アメリカでは福祉制度もあまり充実していません。もしかしたら、アメリカのような極端な自由資本主義の国には、最低賃金という政策自体が馴染まないのかもしれません。

一方、多くの先進国では人口増加による経済成長が期待できなくなっている中、どうやって企業の生産性を高めさせるべきか、どうやったら企業の経営に影響を与えることができるかを探っています。

新古典派の経済学が示唆する単純で非現実的な理屈が否定された今、上手に最低賃金を引き上げる政策が、経済成長、女性活躍、格差の是正、福祉問題、財政問題など、ありとあらゆる分野における問題の解決に大きく貢献するのではないかと期待されています。

第6章では、この政策を日本に導入した場合、どのような影響があるかを考えていきたいと思います。

参考文献

David Card and Alan Krueger, "Minimum Wages and Employment: A Case Study of the Fast-Food Industry in New Jersey and Pennsylvania," *American Economic Review*, Vol.84, No.4, 1994.

Dale Belman and Paul J. Wolfson, *What Does the Minimum Wage Do?*, W.E. Upjohn Institute for Employment Research, 2014.

Fernando Galindo-Rueda and Sonia Pereira, "The Impact of the National Minimum Wage on British Firms," Final Report to the Low Pay Commission on the Econometric Evidence from the Annual Respondents Database, 2004.

Rebecca Riley and Chiara Rosazza Bondibene, "The impact of the National Minimum Wage on UK Businesses," National Institute of Economic and Social Research and Centre For Macroeconomics, February 2015.

Marian Rizov, Richard Croucher, and Thomas Lange,"The UK National Minimum Wage's Impact on Productivity," *British Journal of Management*, Vol.27, May 23, 2016.

Rebecca Riley and Chiara Rosazza Bondibene, "Raising the Standard: Minimum Wages and Firm Productivity," NIESR Discussion Paper, No.449, May 2015.

David Metcalf, "On the Impact of the British National Minimum Wage on Pay and Employment," mimeo, London School of Economics, 2006.

Marco Hafner, Jirka Taylor, Paulina Pankowska, Martin Stepanek, Shanthi Nataraj, and Christian Van Stolk, "The Impact of the National Minimum Wage on Employment: A Meta-Analysis," Rand Europe, 2017.

Stephen Machin, Alan Manning, and Lupin Rahman, "Where the Minimum Wage Bites Hard: Introduction of Minimum Wages to a Low Wage Sector," *Journal of the European Economic Association*, Vol.1, No.1, 2003.

Mirko Draca, Stephen Machin, and John Van Reenen, "The Impact of the National Minimum Wage on Profits and Prices," mimeo, London School of Economics, February 2005.

Sara Lemos, "The Effect of the Minimum Wage on Prices," IZA Discussion Paper, No.1072, March 2004.

Laura Giuliano, "Minimum Wage Effects on Employment, Substitution, and the Teenage Labor Supply: Evidence from Personnel Data," mimeo, University of Miami, 2009.

Marian Rizov and Richard Croucher,"The Impact of the UK National Minimum Wage on Productivity by Low-Paying Sectors and Firm-Size Groups: Report to the Low Pay Commission," Middlesex University Research Repository, March 2011.

Richard Croucher and Geoff White, "Enforcing a National Minimum Wage: The British Case," *Policy Studies*, Vol.28, No.2, 2007.

Tony Fang and Carl Lin, "Minimum Wages and Employment in China," IZA Discussion Paper, No.7813, December 2013.

Jisun Baek, Changkeun Lee, and WooRam Park, "Minimum Wage Introduction, Employer Response, and Labor Productivity of Firms: Evidence from South Korea."

"Raising Lower-Level Wages: When and Why It Makes Economic Sense," PIIE Briefing, No.15-2, April 2015.

David S. Lee, "Wage Inequality in the United States during the 1980s: Rising Dispersion or Falling Minimum Wage?" *Quarterly Journal of Economics*, Vol.114, No.3, 1999.

Sofia Bauducco and Alexandre Janiak, "The Macroeconomic Consequences of Raising the Minimum Wage: Capital Accumulation, Employment and the Wage Distribution," *European Economic Review*, Vol.101, January 2018.

Federico Cingano, "Trends in Income Inequality and its Impact on Economic Growth," OECD Social, Employment and Migration Working Papers, No.163, 2014.

Jill Rubery and Damian Grimshaw, "Gender and the Minimum Wage," Paper Prepared for the ILO Conference 'Regulating for Decent Work,' July 2009.

Adam Tinson, Hannah Aldridge, and Graham Whitham, "Women, Work and Wages in the UK," New Policy Institute, October 2016.

David Neumark, "Employment Effects of Minimum Wages," IZA World of Labor, 2014.

第6章

生産性を高めよ

――日本は「賃上げショック」で生まれ変わる

PARADIGM SHIFT 6

日本に好循環をもたらす「要石《かなめいし》」の政策

あまりにも影響が巨大な人口減少・高齢化に対応するためには、全企業が賃下げから賃上げに向かうことが不可欠である。

政府にとっては、全員を動かすためにどうすればいいのかが最大の課題だ。

それには継続的な最低賃金引き上げの役割が絶大。できなければ、国が破綻する。

これからは高齢化によって、無職の人が激増します。彼らの年金を払う予算がいります。高齢者ですから、医療負担も大きく、その財源も必要です。

しかし、給料をもらっている世代は激減します。となると、その税負担のために生産年齢人口の給料を増やす必要があります。所得増加を実現するには、生産性向上が必要条件です。これは大きな政策転換となります。

具体的に計算してみましょう。社会保障に費やしているコストを生産年齢人口で割り、さらに年間平均労働時間（ここでは2000時間とします）で割ると、「1人・1時間当たりの社会保障費負担額」を計算できます。これは2018年には約817円でしたが、2040年には1642円となり、2060年には2150円にまで膨らみます（ここでは、2040年までに社会保障コストが190兆円まで膨らみ、その後横ばいとなると仮定しています）。今の最低賃金では、とても対応できません。

しかし、悲観する必要はありません。なぜならば、日本の人材評価は世界第4位と非常に高いのに、今の生産性は著しく低いからです。日本では、人材の潜在能力がまったく発揮されて

図表6-1　日米の産業別生産性（1時間当たり付加価値）と付加価値シェア（2015年）

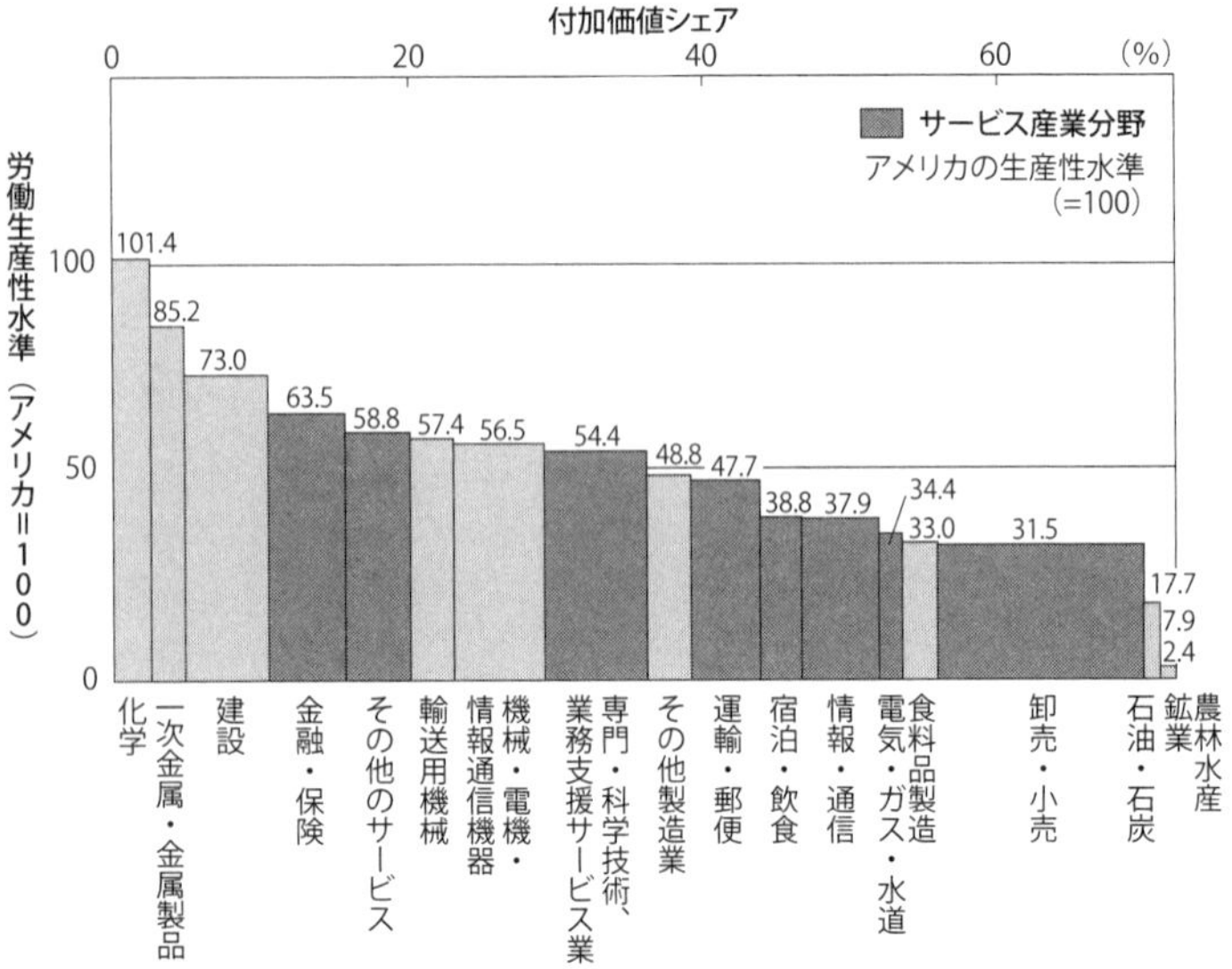

※製造業全体：67.4、サービス業全体：50.7
出所：日本生産性本部

いません。

図表6－1にありますように、日本の生産性はほぼ全産業でアメリカに比べてきわめて低くなっています。自動車をはじめとした日本の輸出企業はきわめて優秀で、生産性も高いのですが、それはごく一部の企業にすぎません。特に経済の大半を占めるサービス産業の生産性がきわめて低く、大きく足を引っ張っている状況です。1990年代に入ってから、国内産業の生産性は諸外国と比べて驚くほど低くなっています。そのため、日本全体の生産性が低迷しているのです（図表6－2）。

図表6-2　各国の生産性（1990年＝100）

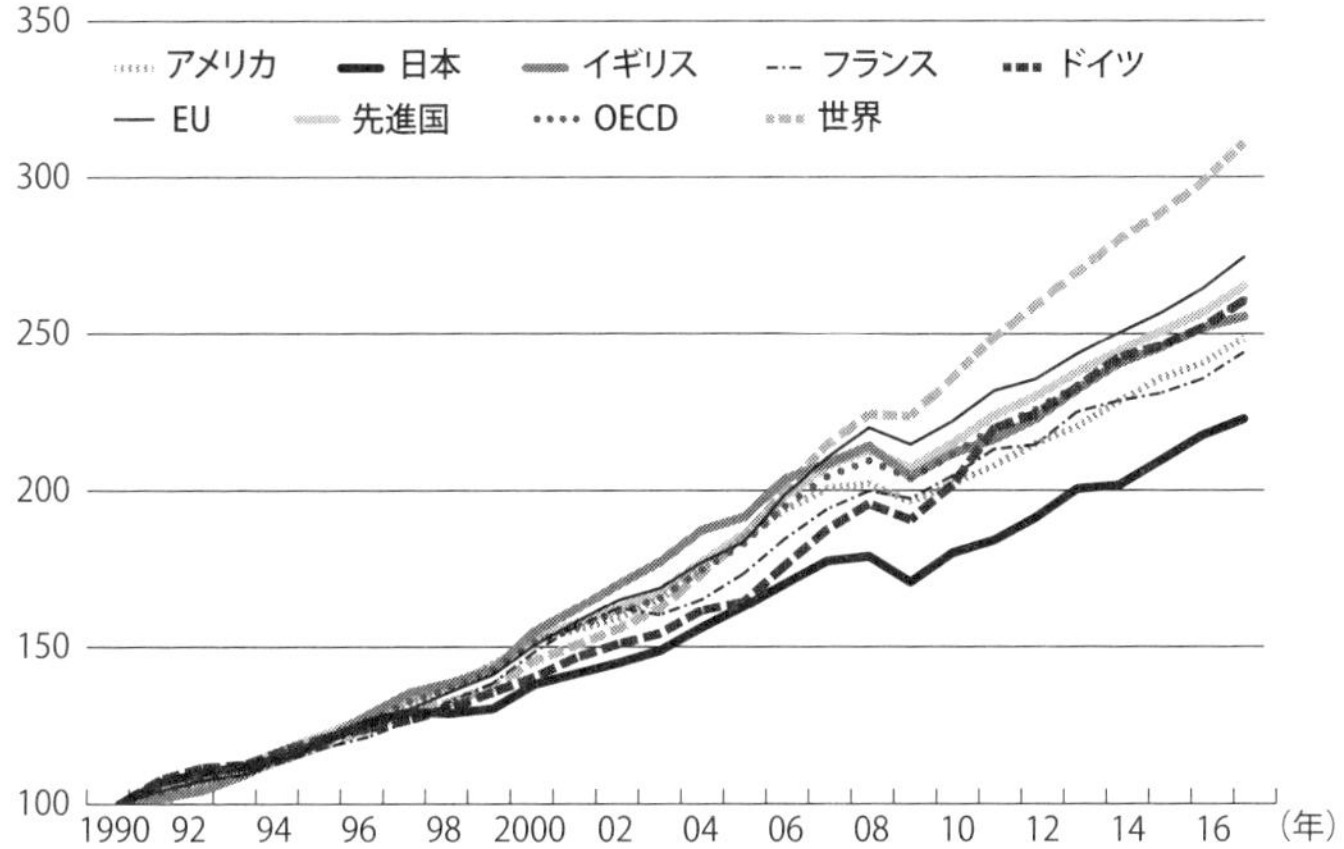

出所：OECD

日本の生産性は、あまりにも低迷している期間が長く、他の先進国とのギャップが開きすぎています。いくらなんでも、日本的経営や日本型資本主義、文化の違いを理由に、このギャップを正当化したり、ごまかしたりすることはできません。この問題を解決することは、日本の喫緊の課題です。唯一の問題は、経営者をどう動かすかです。

人口減少・高齢化を生き抜くための生産性向上目標

第5章で説明したように、経済成長は人口増加と生産性向上によって実現されます。

日本の場合、これから人口が減少するので、人口増加要因は経済成長にマイナスになります。

人口が減る分を補って、経済を縮小させないためには、どれだけ生産性を向上させなくてはいけないのかを計算することができます。なんと毎年、1・29％ずつ、生産性を向上させる必要があるのです。

この計算は、意外に簡単です。

まず、今のGDPを今の生産年齢人口で割って、生産年齢人口1人当たりのGDPを計算します。次に今のGDPを2060年の生産年齢人口で割って、今のGDPを維持するための1人当たりGDPを計算します。

その2つを比べて、43年間の向上率を計算すればいいのです。同じように、GDPの成長率ごとに必要な生産性向上率を計算することができます（図表6－3）。

計算するのは簡単ですが、計算の結果算出された生産性の向上率に現実性があるかどうかを検証しないといけません。

横ばいを維持するためには、毎年1・29％の生産性向上が必要ですが、これはかなり現実的だと思います。世界ではこの50年間、毎年1・8％ずつ生産性が向上してきています。毎年1・29％の向上は不可能ではありません。また、1990年以降、G7の平均向上率も1・4％ですので、日本でも実現可能な水準でしょう。

図表6-3　経済成長率ごとの生産性向上率

年	0.0%	0.5%	1.0%	1.5%	2.0%
2017	7,237,887	7,237,887	7,237,887	7,237,887	7,237,887
2020	7,574,106	7,688,287	7,803,609	7,920,079	8,037,702
2025	7,848,119	8,167,593	8,498,388	8,840,848	9,195,322
2030	8,209,065	8,758,960	9,342,682	9,962,131	10,619,301
2035	8,765,568	9,588,909	10,484,912	11,459,584	12,519,390
2040	9,608,406	10,776,327	12,079,332	13,532,259	15,151,488
2045	10,386,505	11,943,158	13,723,595	15,758,636	18,083,157
2050	11,117,110	13,106,053	15,438,220	18,170,684	21,369,657
2055	11,813,952	14,279,254	17,242,784	20,801,986	25,072,735
2060	12,584,026	15,594,098	19,303,616	23,870,384	29,486,755
年率（%）	1.29	1.80	2.31	2.81	3.32

出所：筆者作成

一方、1%の経済成長を実現するには、日本では毎年2・31%の生産性向上が求められます。過去50年間の世界の平均生産性向上率は1・8%ですから、これまでの水準を大きく上回る生産性向上が必要です。ハードルとしてはきわめて高く、そう簡単に実現できるとは思えないかもしれません。

しかし、これまでの日本の生産性があまりにも低すぎたことを考えれば、私は実現不可能なことではないと考えています。アメリカの生産性は1990年から2000年の間は2・2%、2000年から2007年の間は2・6%成長しています。この間に日本の生産性が低迷していた分を取り戻していく、つまり

図表6-4　アメリカの生産性向上率（1年当たり、農業を除く）

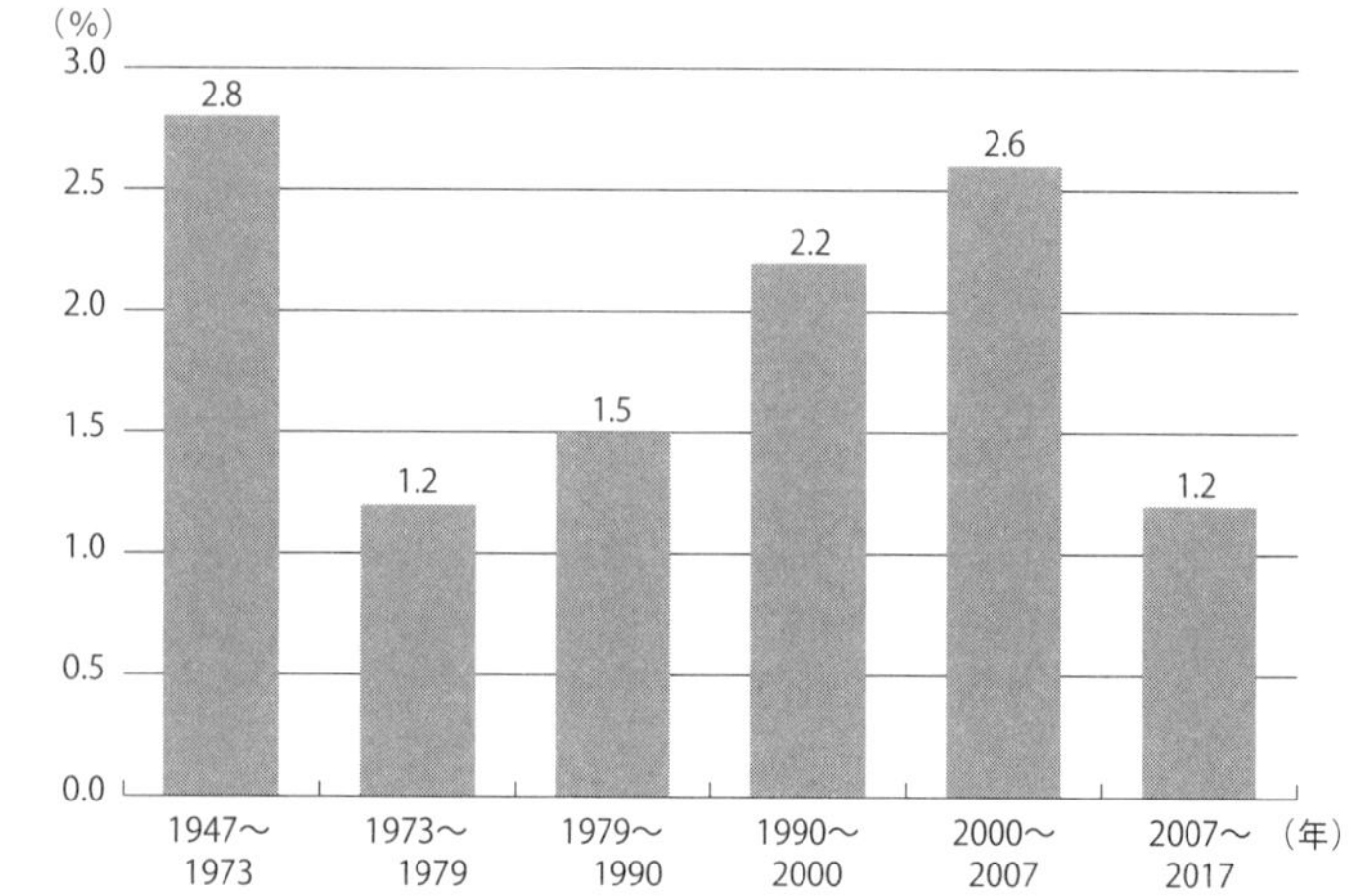

出所：U.S. Bureau of Labor Statistics

キャッチアップするだけだと解釈すれば、現実性はかなり高いと感じます（図表6－4）。

生産性ショックの必要性

人口減少の悪影響をなくすための生産性向上は、国際的に見ると不可能ではない水準ですが、日本にとってはかなり大きな挑戦となります。なぜならば、1990年から2015年までの25年間、日本は平均で年0・77％しか、生産性を向上できていないからです（図表6－5）。

これからの日本には、大きなチャンスと大きな課題があります。

まずはチャンスからご説明しましょう。

図表6-5　人口増加要因と生産性向上要因で見た経済成長率（1990〜2015年）

	人口増加（%）	生産性（%）	経済成長（%）
世界	1.32	1.42	2.74
アメリカ	0.98	1.40	2.38
EU	0.26	1.38	1.64
オーストラリア	1.33	1.77	3.10
ノルウェー	0.85	1.59	2.44
カナダ	1.02	1.26	2.28
イギリス	0.52	1.49	2.01
オーストリア	0.44	1.38	1.82
フランス	0.53	0.95	1.48
日本	**0.11**	**0.77**	**0.88**
イタリア	0.28	0.36	0.64

出所：世界銀行の実質GDPデータより筆者作成

図表6－1にありますように、日本とアメリカの生産性を業界別に比較すると、化学以外の業界のすべてで、日本はアメリカより生産性がきわめて低くなっています。

欧州との比較でも、アメリカほど極端ではありませんが、同じような結果となります。図表6－6にありますように、日本の生産性は製造業がドイツの88・7％、サービス業が65・2％です。しかも、日本の産業の80％以上はドイツより生産性が低いのです。生産性が低い業種はおおむね、非正規比率が高い業種と一致することが気になります。

本書でも何度も繰り返していますが、日本の生産性はあまりにも低いので、伸

図表**6–6**　日独の産業別生産性（1時間当たりの付加価値）と付加価値シェア（2015年）

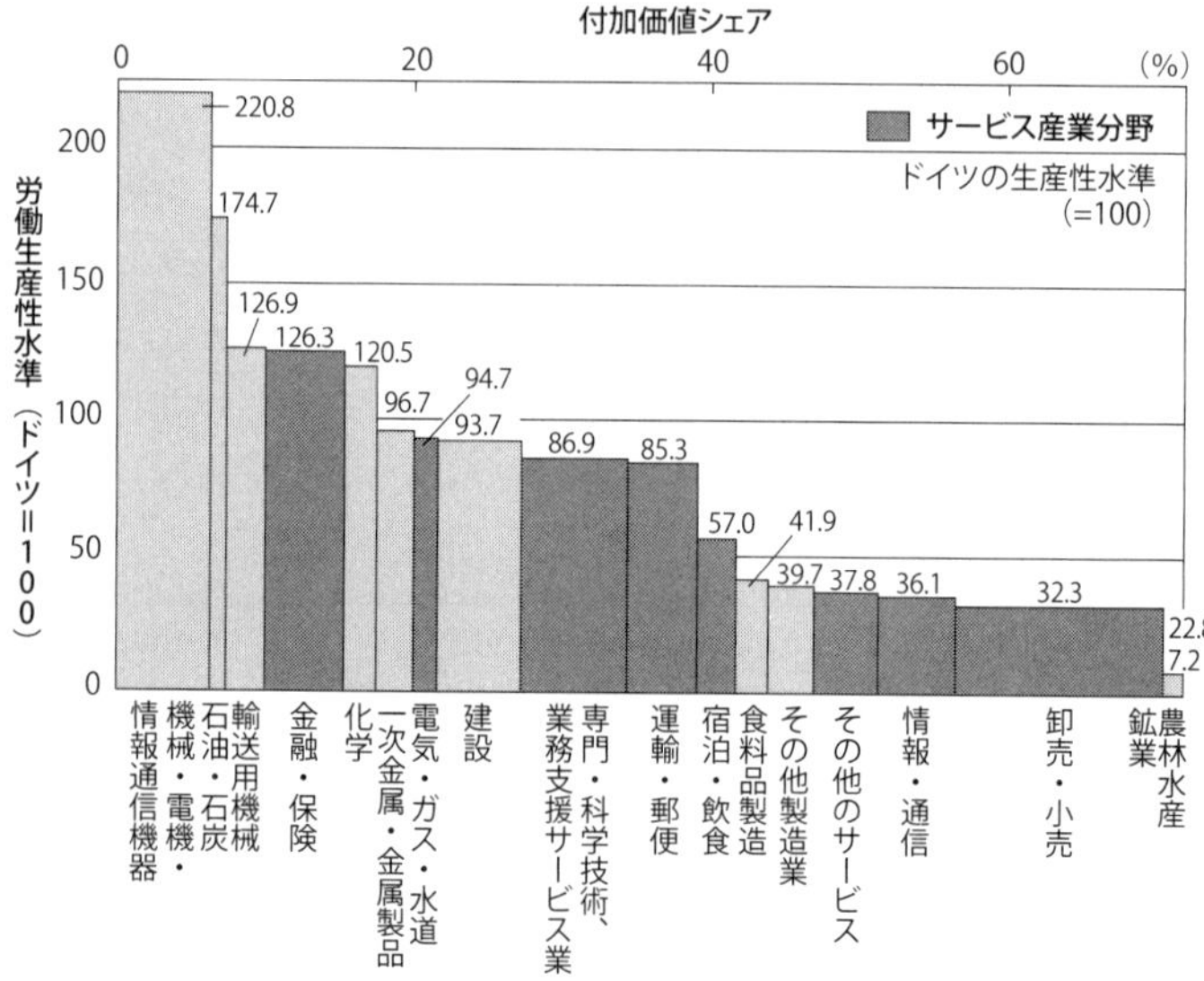

※製造業全体：88.7、サービス産業全体：65.2
出所：日本生産性本部

びしろはあります。これがチャンスです。

一方、大きな課題もあります。実は、これから日本の生産性向上に対して逆風が吹き始め、なおさら生産性向上が難しくなるのです（図表6－7）。

日本の生産性向上に対する逆風、それは40代の人口の減少です。日本の人口動態を見ると、2015年あたりまでは40代の人口が増えていたのがわかります。それが減少に転じたのです。

実は世界的に見ても、40代はもっとも生産性が高い世代で、その世代

図表6-7　生産年齢人口動向と全要素生産性向上（1995～2035年）

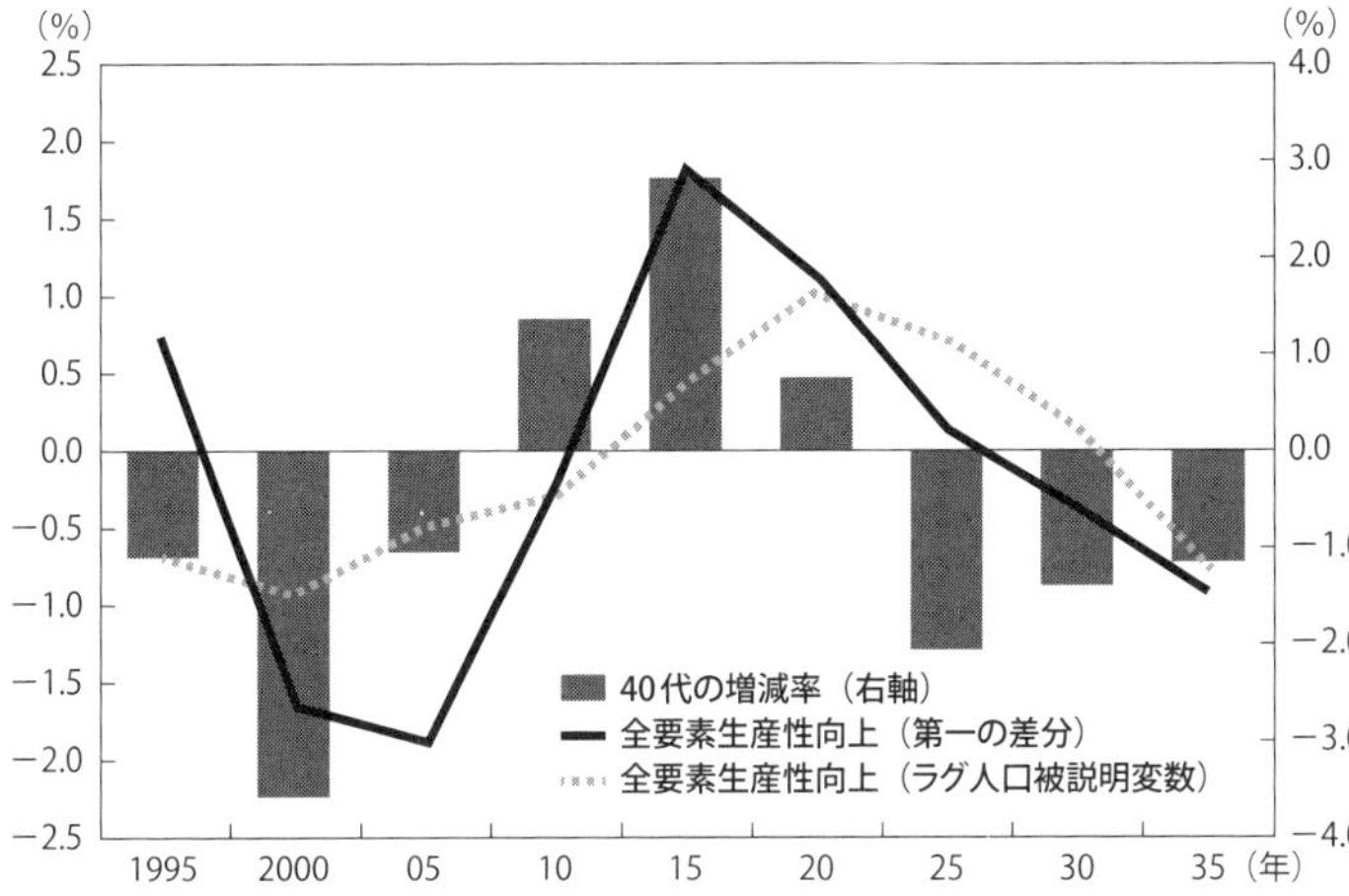

出所：IMF

の人口が増えると生産性が上がりやすくなると言われています。日本ではこれからこの世代が減るので、対策を打たないと、次第に生産性向上に対するマイナスの圧力がかかります。

このような逆風が吹く中、日本の生産性の低さはあまりにも多分野にわたっているので、生産性を低くする構造的な問題が存在すると解釈するのが妥当でしょう。この状況を打破し、変えていくには、現行の日本的経営・日本型資本主義の哲学を大きく変えなければなりません。

冷静に考えれば、すべての企業がいっせいに賃上げの必要性に気づき、賃上げに動き出すことは期待できません。国によるある種の「強制」が不可欠になります。

特に今回は、一部の企業や特定の産業だけではなく、全産業、全企業に影響を及ぼす、底上げ的な政策を考えなければなりません。企業経営者たちが賛同する、しないという選択肢すら与えない、強制力を持った政策が不可欠です。

所得を増やす政策と最低賃金

GDPを維持するためには、1人当たりGDPを大きく増やさなければなりません。理屈上、平均給料をその分だけ高くすることが必須です。

労働分配率を下げると、デフレ圧力がかかるので、人口減少・高齢化大国日本としては労働分配率をある程度高めたほうがいいでしょう。強調するまでもありませんが、日本人の給料が上がらないと、日本の生産性は継続的には上がりません。GDPは縮小し、国が破綻します。

問題は、経営者が自ら進んで賃上げに動くことはあり得ないという点です。自ら動かないのであれば、何らかの形で「動かす工夫」が必要になります。その工夫こそ、「最低賃金の引き上げ」なのです。

最低賃金を引き上げないと全体の平均所得も増えにくいので、GDP増加のためには最低賃

図表6-8　目標成長率を達成するための最低賃金（円）

年	経済成長率				
	0.0%	0.5%	1.0%	1.5%	2.0%
2020	1,291	1,311	1,330	1,350	1,370
2025	1,338	1,392	1,449	1,507	1,567
2030	1,399	1,493	1,593	1,698	1,810
2035	1,494	1,634	1,787	1,953	2,134
2040	1,638	1,837	2,059	2,307	2,583
2045	1,770	2,036	2,339	2,686	3,082
2050	1,895	2,234	2,632	3,097	3,643
2055	2,014	2,434	2,939	3,546	4,274
2060	2,145	2,658	3,290	4,069	5,026
年平均引き上げ率（%）	2.16	2.68	3.21	3.73	4.25

出所：筆者作成

金の引き上げが大きな選択肢となります。

生産性向上を主導するために最低賃金を引き上げるといっても、日本政府はどこまで最低賃金を引き上げるべきでしょうか。これも計算することができます。

まず、経済成長率ごとにＧＤＰ総額を計算します。次にそれを生産年齢人口で割り、経済成長率ごとの１人当たりＧＤＰを算出します。

格差社会を是正する政策も含めて考えると、最低賃金は１人当たりＧＤＰの50％が妥当であることが、世界的な共通認識になっています。

以上の計算から、人口減少下でＧＤＰを維持するためには、最低賃金を図表６

図表6–9　経済成長率ごとの最低賃金と1時間当たりの福祉負担

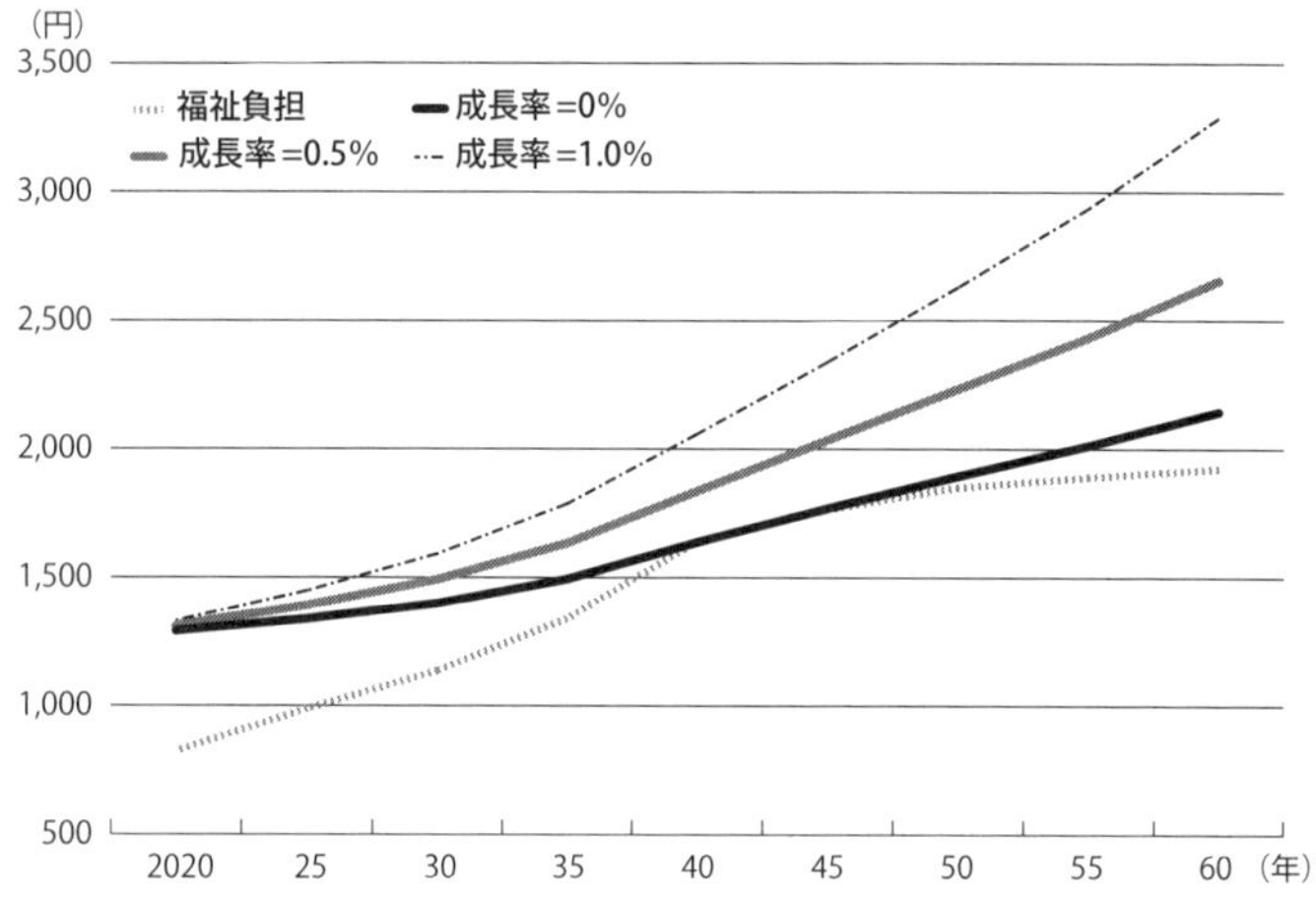

出所：筆者作成

–8の水準にしなければなりません。2030年を例にすれば、1399円となります。

これが、計算から導き出した理論値です。この理論値を実現しないと、目標とするGDP成長率も実現しません。この水準と1時間当たりの福祉負担とを比べると（図表6–9）、とくに2040年までの最低賃金引き上げが重要であることが明確になります。

人材と最低賃金

生産性を最低年率1・29%ずつ上げるのは、他の先進国と比較してみるとわかるとおり、非現実的な水準ではありません。しかし、日本にはそれを可能にする人材がいるのか、確認しておく必要があります。

なぜならば、最低賃金を引き上げて生産性向上をさせるべきと言っても、生産性を上げられる人材がいなければ、机上の空論となってしまうからです。

すでに何度も紹介しましたが、2016年のWorld Economic Forumのランキングによると、日本の人材評価は世界第4位です。これは、大手先進国としては最高ランクです。ちなみに、次に高いのはドイツの11位です。

他のトップテンはすべて、人口の少ない小国です。人口小国なので異常値が出やすいのです。しかし、逆に考えれば、人口大国なのに日本がトップテンに評価されているのは、本当にすばらしいことです。


本来であれば、ここまで人材の評価の高い国であるならば、人材を上手に活かしさえすれば、大手先進国で最高水準の生産性と所得水準を実現するのも可能なはずです。にもかかわらず、現在の体たらくに、長年の人口増加が生み出した日本の経営者の無能さや国民の甘えが如実に表れています。

日本以外の国では、生産性と人材評価の間に強い相関関係があります。また、人材評価と最低賃金にも深い関係があります。しかしながら、日本だけは人材評価が高いのに、最低賃金が

図表6–10　人材評価と最低賃金

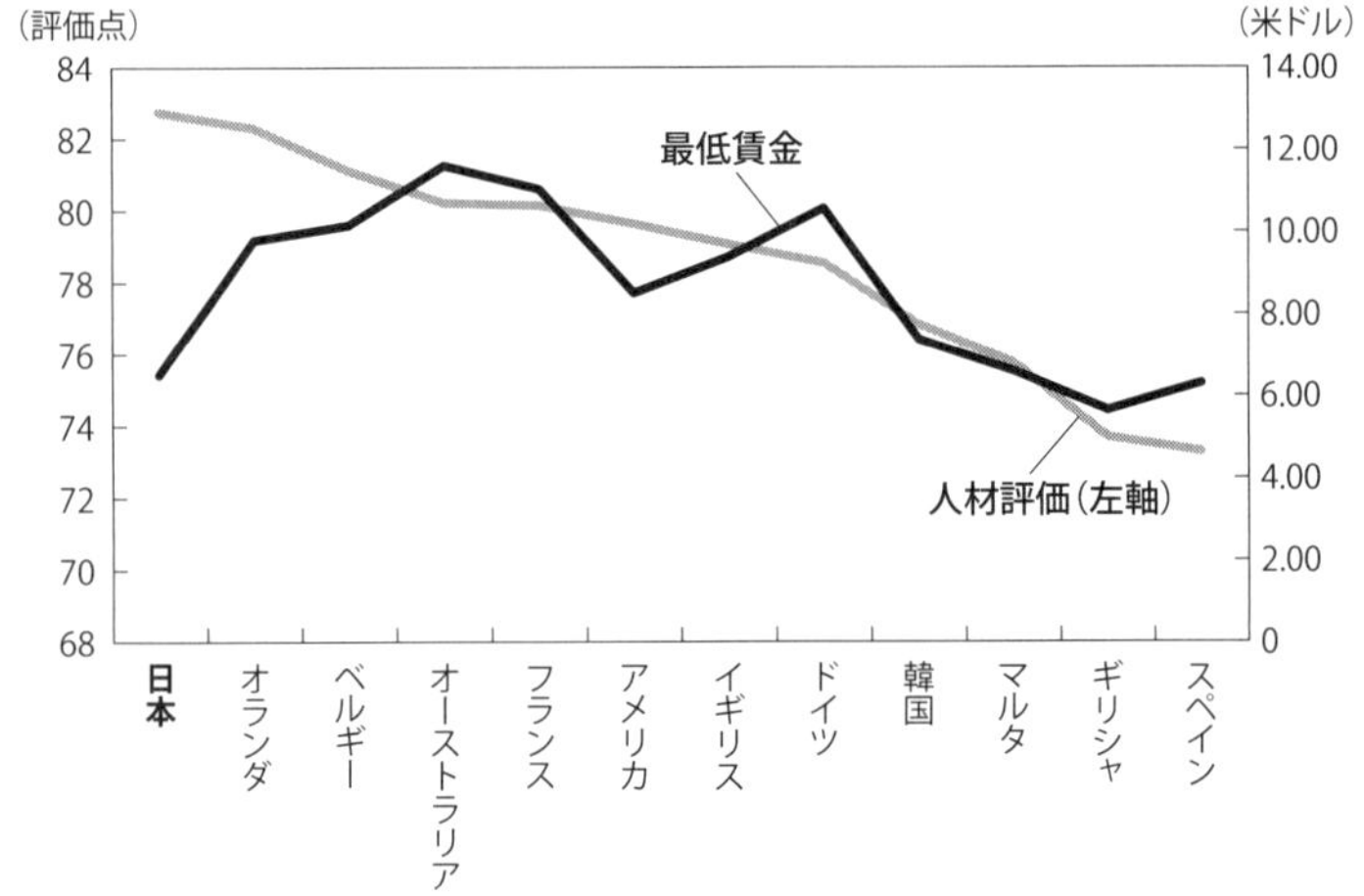

出所：WEF、各国政府データより筆者作成

低く、生産性も低いのです。異常だと言わざるをえません（図表6–10）。

この現実を別の視点から見ると、希望が見えてきます。生産性を向上させるため、最低賃金を引き上げる政策を実施すれば、それに十分耐えられる人材はすでにいると思われるのです。

最低賃金を引き上げても、日本人の実力をもってすれば何の問題も生じない、ということです。

最低賃金の引き上げによるメリット

私が最低賃金の引き上げに期待すること

は、やはり「強制力」です。直接的・間接的に全企業に影響を与えることができるので、企業部門を動かす効果が期待できます。そのメリットは、次のとおりです。

①最低賃金と企業規模拡大

第4章では企業の規模と生産性の相関、第3章では輸出と生産性、そして企業の規模の相関について論じました。これからの日本経済を支えていくためには、企業の規模を拡大する必要があることはすでにご理解いただけたと思います。実は企業の規模の拡大にも、最低賃金が貢献すると考えられるのです。

優秀な労働者を豊富にかつ安く調達し、使うことができれば、技術開発への投資意欲が減退し、人間の力に依存した経営になります。スキルが高く、本来であれば高い給料を払わなくては雇えない人材を安く雇うことができれば、給料の支払能力が低くても会社を作ることができます。

その結果、企業の数は増え、小規模化します。これは、実際に1975年以降、日本で起きた現象で、企業数や1社当たりの従業員数の動向と一致します。

人のコストが高くなると、企業規模が小さく支払能力の乏しい企業では払えなくなります。

そこで、規模の経済を利かすために、他社と統合し、規模を大きくする動機が生まれます。

その生産性向上効果は絶大です。

政府は、企業の規模の底上げを応援する国策を作ることが大事ですが、作っただけでは何の効果もありません。その制度を活用する動機を各企業に与えないといけないのです。最低賃金の引き上げは、その大きな武器になるのです。

②デフレと最低賃金

最低賃金を引き上げることで、第1章で説明したLast man standing戦略を制限することもできます。

人口が減って需要者が減少すると、その悪影響を受ける産業では、需給のバランスが崩れて価格競争が始まります。すると経営者は、社員の給料に手を出すようになります。つまり、生き残るための価格競争の源泉が、労働者の給与になるのです。

経営者は社員の給料に手をつけますが、それには限界があります。その制限こそ、最低賃金です。

最低賃金を引き上げることによって、それ以上は価格競争ができないようにすることができます。というのは、企業は利益と価格と給料しかコントロールできないからです。価格を下げても給料を下げられなければ、経済が成長しない以上、その企業は規模を縮小するか破綻するかしかなくなります。

なので、国が最低賃金を引き上げれば、需要者の減少により企業部門が引き起こすデフレ圧力を緩和できる可能性が高いのです。

③最低賃金と女性活躍

安倍政権は女性活躍を目玉政策の1つに挙げています。たしかに女性は国民の半分を占めていますので、生産性向上を実現するには、計算上女性の活躍が不可欠です。

先進国では、女性活躍の課題を一般的に3種類に分けています。「Glass ceiling」と「Frozen middle」と「Sticky floor」です。

「Glass ceiling」とは、女性が候補に挙がってもなかなか役員などの高いレベルに出世できないことを言います。また、女性は役員候補にもならず、もっと前の中間管理職にとどまることを「Frozen middle」と言います。「Sticky floor」はずっと最低賃金で働いて、そこから上にはいけないことを言います。

一般的には女性活躍という表現をするときの課題は、Glass ceilingを指していることが多いです。私が『新・生産性立国論』の中で指摘したのも、このGlass ceilingの問題だけでした。お詫び申し上げます。

第5章で説明したように、海外でも日本でも、最低賃金で働いているもっとも多くの労働者は女性です。つまり女性活躍にもっとも大事な政策が、実は最低賃金の引き上げなのです。安倍政権が本当に女性活躍を本格的に実現したいならば、もっとも早く効果が出る最低賃金の引き上げを実施すべきなのです。

当然ながら、最低賃金を引き上げるならいわゆる「150万円の壁」を撤廃することが重要です。本来なら、専業主婦を優遇すること自体をやめ、子どもの数をもとにピンポイントで優遇する、真の少子化対策をとることが望ましいでしょう。

④最低賃金と格差社会

第5章で説明しましたように、最低賃金は格差社会を是正するための政策でもあります。日本は格差の拡大を肯定する国ではないはずですが、すでに大きく格差が開いています。日本の格差は欧州各国より大きく、アメリカに次ぐ格差大国となっています。

OECDが指摘しているように、上位層の収入が増えることで格差が開く場合、経済成長にはあまり影響しませんが、下位層の収入低下は経済成長に悪影響を与えます。

日本の場合、上位層の収入上昇より、明らかに収入の低い労働者の増加によって格差が拡大してきました。イギリスの事例でも明らかなように、格差社会是正の早道は最低賃金の引き上げです。現状の日本の最低賃金の水準はあまりにも低いので、これを大きく引き上げれば、大きな成果が期待できます。

簡単に説明すると、日本人の生産性はイギリス人の96・7％で、ほぼ一緒です。人材の評価は、イギリス人は世界第19位ですので、第4位の日本人のほうが高く評価されています。にもかかわらず、日本の最低賃金はイギリスの69・3％しかありません。これをどう正当化できるか、私には皆目見当もつきません。

⑤最低賃金と地方創生

アメリカは州別に最低賃金を導入していますが、欧州の場合、全国一律が基本です。イギリスが最低賃金を導入したときには、地域別の最低賃金を導入するべきという議論があったようですが、最終的には全国一律となりました。

日本の現行の最低賃金も、都道府県別に決められています。つまり、アメリカ型に近い制度が導入されているのです。日本では海外というとアメリカのことを想起する人が多いので、いろいろな分野でアメリカの制度に範をとった制度が導入されていると思います。

しかし、人口が3・2億人を超え、国土がきわめて広いアメリカと同じ制度を、日本が導入するべき理由は果たしてあるのでしょうか。また、アメリカは連邦制度なので最低賃金も州別に設定されていると聞きますが、日本は連邦制度ではありません。アメリカの真似をする意味がわかりません。

日本は国土も狭い上に、交通網が整備されています。人口もアメリカの3分の1強程度です。このような国で、最低賃金を都道府県ごとにバラバラに設定したら、労働者は最低賃金の低いところから、もっとも高い東京に集中するのが道理で、実際にそうなっています。

県別の最低賃金との相関がもっとも強いデータを探したところ、実は県民の総数であることがわかりました。最低賃金が低い水準で長年放置された結果、その県から徐々に人が減っていってしまった経緯が、データからも窺えます。

また、2040年時点の県別予測人口と今現在の県別の最低賃金の相関を計算すると、さらに相関が強くなることもわかりました。やはり、最低賃金が全国一律ではなく、都道府県別であることで、地方経済の優勝劣敗が決まるという仮説も成立します（図表6-11）。

なぜこのようなことになったのか。おそらく、もともと経済基盤が弱い自治体は生産性の3大原則に基づいて、現実に則した低い最低賃金を設定したのでしょう。その結果、労働力の流出を招いてしまった。するとさらに経済基盤が弱体化して、最低賃金を抑え続けなくてはいけない。こういう悪循環が生まれたと考えるのが妥当のように思います。

この悪循環から脱却するためにも、最低賃金を全国一律にすることを真剣に検討するべきでしょう。

先ほども説明したように、イギリスは最低賃金を全国一律にして導入しました。導入の際には、当然自治体によって、現行の賃金水準からの引き上げ率が高かったり低かったりしましたが、雇用に対する影響や自治体別経済に対する影響は懸念されるほどではありませんでした。

最低賃金を上手に引き上げて、地方創生によってその経済を応援する政策パッケージがもっとも論理的です。よくよく考えると、経済力の弱い道府県ほど最低賃金を低く設定しておきながら地方創生政策を掲げるのは、政策同士が矛盾していると言わざるをえません。

⑥最低賃金引き上げは「少子化対策」にもなりうる

私が日本に暮らし始めて、すでに30年以上が経ちました。その間、さまざまな日本の方とも

	最低賃金（円）	総人口（万人）		
		2010（年）	2040（年）	減少率（%）
福井	803	80.6	63.3	−21.5
和歌山	803	100.2	71.9	−28.2
山口	802	145.1	107.0	−26.3
宮城	798	234.7	197.2	−16.0
香川	792	99.6	77.3	−22.4
福島	772	202.9	148.5	−26.8
徳島	766	78.5	57.2	−27.1
島根	764	71.8	52.1	−27.4
愛媛	764	143.2	107.4	−25.0
山形	763	116.9	83.6	−28.5
青森	762	137.3	93.2	−32.1
岩手	762	133.0	94.7	−28.8
秋田	762	108.6	69.9	−35.6
鳥取	762	58.8	44.0	−25.2
高知	762	76.4	53.7	−29.7
佐賀	762	84.9	68.1	−19.8
長崎	762	142.7	104.9	−26.5
熊本	762	181.8	146.7	−19.3
大分	762	119.7	95.6	−20.1
宮崎	762	113.6	90.1	−20.7
沖縄	762	139.4	136.9	−1.8
鹿児島	761	170.6	131.4	−23.0

出所：国立社会保障・人口問題研究所「日本の将来推計人口（平成24年1月推計）」（出生中位・死亡中位推計）、首相官邸社会保障制度改革推進本部「都道府県別将来推計人口（厚生労働省提出資料）」

図表6-11　最低賃金と人口減少率

	最低賃金（円）	総人口（万人）		
		2010（年）	2040（年）	減少率（%）
東京	985	1,315.9	1,230.8	−6.5
神奈川	983	904.8	834.3	−7.8
大阪	936	886.5	745.4	−15.9
埼玉	898	719.4	630.5	−12.4
愛知	898	741.1	685.6	−7.5
千葉	895	621.6	535.8	−13.8
京都	882	263.6	222.3	−15.7
兵庫	871	558.8	467.3	−16.4
静岡	858	376.5	303.5	−19.4
三重	846	185.4	150.7	−18.7
広島	844	286.1	239.1	−16.4
滋賀	839	141.1	131.0	−7.2
北海道	835	550.6	418.9	−23.9
栃木	826	200.7	164.3	−18.1
岐阜	825	208.1	165.9	−20.3
茨城	822	297.0	242.3	−18.4
富山	821	109.3	84.1	−23.1
長野	821	215.3	166.8	−22.5
福岡	814	507.2	437.9	−13.7
奈良	811	140.0	109.6	−21.7
山梨	810	86.3	66.7	−22.7
群馬	809	200.8	162.9	−18.9
岡山	807	194.5	161.0	−17.2
石川	806	117.0	97.5	−16.7
新潟	803	237.5	179.2	−24.5

お付き合いをしてきました。

そんな私の目には、比較的多くの日本人が持っている共通の特徴があるように映っています。それは、表立って文句を言うことはあまりしないけれど、心底納得しているとはかぎらないことが多いということです。何かが変わるとき、そのことについて事前には何も言わないのに、実際に変わった後になって、初めて心の中を明かす。そんな態度に驚かされたことがよくありました。


こういう日本人の特徴は、少子化が進んでいることとも大いに関係があるように感じます。日本では、学校で一所懸命勉強してから社会に出ます。社会も非常に厳しくて、一所懸命仕事をしてももらえる給料はきわめて少ない。その分だけ楽しみもあまりありません。老後の生活も不安だらけです。こういう苦しい生活を強いられていては、子どもを作る金銭的余裕がないだけでなく、心のどこかで、子どもを同じ目に遭わせたくない気持ちになってしまっても無理はありません。

かなりの割合で、こんな気持ちを抱えている日本人がいるように思います。口では文句は言いませんが、今の社会制度に対する抵抗として子どもを作らない選択をしている人も、相当数いるのではないでしょうか。

私は、最低賃金を引き上げて、その最低賃金のすぐ上の層にも段階的な効果が出れば、少子化問題も緩和されるのではないかという仮説を立てています。

問題は最低賃金をどう引き上げるか

第5章で説明したように、最低賃金を引き上げると必ず企業の倒産が増える、失業者が街にあふれるという、新古典派経済学の仮説は、現実世界で起きた事実をもってすでに否定されています。現実の世界で実際に最低賃金を引き上げてみてわかったのは、最低賃金を引き上げると雇用が犠牲となるという単純かつ簡単な予測が正しくなかったことと、最低賃金の引き上げ方が重要だということでした。

日本は国家と高齢者を守る使命を果たすために、生産性を向上させなければなりません。雇用への悪影響、企業破綻をできるかぎり避けつつ、すべての経営者に真剣に生産性向上に取り組ませることができるという点で、最低賃金の引き上げが、他の政策に比較して有効であると言えます。

イギリスでも、また他の国でも、最低賃金の引き上げには経営者から反対する声が上がりました。こういう反発は当然のことなので、慌てる必要もひるむ必要もありません。逆に経営者の反発が起きなければ、おかしいと思うべきです。反発してこないということは、引き上げ幅がまだまだ小さすぎる証拠です。

とはいえ、倒産が増えて失業者が大量に出るほどの引き上げは、得策でもなければ、狙いでもありません。最低賃金の引き上げは、生産性向上に真剣に取り組み始めるきっかけとなるくらいのショックを与えるのがちょうどよく、倒産のようなパニックにいたらない程度が望ましいのです。

海外の例では、政府が最低賃金の中期的な展望を開示しています。たとえば、イギリスは数年前から、2020年までにどの程度、最低賃金を引き上げるかの見通しを発表しています。経済見通しが変わると、最低賃金の引き上げ見通しも修正しています。

これは経営者に対して、ビジネスモデルの変革をするための情報を与えていることになります。生産性向上は技術革新、設備投資、そして社員の再教育も不可欠なので、短期的にできるものではありません。日本はそのことも意識して、サプライズにならないように展望を示すことが理想でしょう。

実際の引き上げ幅に関しては、感覚的に設定する必要はありません。これから人口は増えま

図表6-12　経済成長率ごとに必要な最低賃金引き上げ率（%）

年	経済成長率				
	0.0%	0.5%	1.0%	1.5%	2.0%
2025	6.27	6.87	7.49	8.09	8.70
2030	4.00	4.56	5.13	5.69	6.25
2035	3.20	3.75	4.30	4.84	5.39
2040	2.90	3.43	3.97	4.51	5.05
2045	2.65	3.18	3.71	4.25	4.78
2050	2.45	2.98	3.51	4.03	4.56
2055	2.28	2.81	3.33	3.86	4.38
2060	2.16	2.68	3.21	3.73	4.25

出所：筆者作成

せんし、人口動態もおおよそ予測されているので、実現していきたい経済成長率を設定すれば、どのぐらいの生産性向上が求められるか、計算することができます。

さらに、その生産性向上を実現するための、最低賃金の引き上げ幅を計算することもできます。

必要なGDPを生産年齢人口で割れば、労働生産性を計算することができます。それをもとに、たとえば最低賃金の理想的な水準を1人当たりGDPの50%と仮定します。そして、現行の最低賃金をいつまでに理論値まで引き上げるかを決めれば、年率何%引き上げればいいかを計算することができます（図表6-12）。

毎年の引き上げ幅は、イギリスなどの他国の前例を踏まえると、極力10%以下に抑えるようにするべきです。このように考えれば、やるべきことはだいたい見えてきます。

現実的に考えると、最初は5％くらい引き上げ、あとはイギリスのようにたまに3％、年によっては10％台の引き上げ率だったりするというのが理想ではないでしょうか。

他国のように、政府が綿密な経済モデルを組み、スーパーコンピューターで計算できるのであれば、簡単に理論値は出るはずです。日本にはそれがないようですので、他国の前例を見て決めて、調整するしか方法はないでしょう。社会保障の負担がピークを打つ2040年を見据え、4％から6％の間が望ましいということでしょうか。

今までの日本の最低賃金の引き上げ率を見ると、1976年以降の平均が3・1％です。インフレを調整すると、たったの1・28％にすぎません。これでは生産性は上がりません。

2018年の最低賃金引き上げも、やはり不十分だったと思います。今までどおりの引き上げ幅にしかなっておらず、インパクトが足りません。労働分配率が長年低下してきましたので、この程度では労働者のやる気は出ないでしょう。

何よりの根本的な問題は、経営者からの反発の声が強くないことです。経営者が反発しないこと自体が、引き上げ幅が十分ではない証拠です。2019年は、最低でも5％は引き上げてほしいと思います。

最低賃金は「経済政策」ととらえるべき

生産性向上を実現するために、日本は最低賃金の政策上の位置づけを、海外のように変える必要があります。

諸外国では、この15年間で徐々に、最低賃金を経済政策として位置づけるようになっています。生産性と最低賃金には強い相関があるので、「最低賃金は生産性を反映する」という旧来の発想を変えたのです。今ではまったく逆で、最低賃金を先に引き上げて、生産性を向上させることに挑戦しています。実際に狙いどおりの成果も出ています。

しかし、最近ある方に指摘されて気づいたことがあります。それは、日本では最低賃金の位置づけが社会政策であるということです。最低賃金の設定や引き上げを経済政策としてとらえる欧州とは違い、日本の最低賃金は経済政策の範疇《はんちゅう》ではないのです。このこと自体に大きな意味があります。

日本では、最低賃金は厚生労働省の所管事項です。厚生労働省の管轄は福祉です。もう少し広い意味合いを持った言葉で言うと、社会政策です。ちなみに、イギリスで最低賃金を担当する「Low Pay Commission」が日本で言う厚生労働大臣ではなく、経済産業大臣の管轄なのは、最低賃金が経済政策として位置づけられている証左です。

日本の最低賃金が社会政策として位置づけられているのは、日本生産性本部の生産性3原則に書かれている、「成果の公正な分配」の一環なのでしょう。

繰り返しになりますが、日本生産性本部は「成果の公正な分配」について、こう追記しています。「生産性向上の諸成果は、経営者、労働者および消費者に、国民経済の実情に応じて公正に分配されるものとする」。つまり賃金は、「事後的に分配されるもの」だと考えられているのです。

また、第一の原則の「雇用の維持・拡大」の続きには、「生産性の向上は、究極において雇用を増大するものであるが、過渡的な過剰人員に対しては、国民経済的観点に立って能う限り配置転換その他により、失業を防止するよう官民協力して適切な措置を講ずるものとする」とあります。

要するに、最低賃金の引き上げは、失業者が出ないよう、向上させた生産性の成果を分配する程度にとどめるというのが、考え方の根底にあるのです。経済政策によって挙がった成果を、公正分配するという方法です。ですので、労働者保護策的な要素が強いと考えてもいいでしょう。

人口増加による成長要因がマイナスになるというパラダイムシフトのもと、生産性向上のために政策を実行するのであれば、まず最低賃金の位置づけを結果論的な社会政策から経済政策の中核に改める必要があるでしょう。特に、経産省は経営者の味方、厚労省は労働者の味方という仕組みはよくないと思います。

なぜ日本の最低賃金はこんなに低いのか

次に、なぜ日本の最低賃金はこんなに低いのか、その原因を認識しておく必要があります。私は、最低賃金が厚労省の管轄におかれていることが原因の1つだと推察しています。

日本の最低賃金が国際的に見てきわめて低い水準にあるのは、すでに説明したとおりです。絶対水準の購買力調整で見ると、先進国の中で最低水準、スペインとあまり変わりません。日本の最低賃金は現在、1人当たりGDPの34・9％。これは先進国の中で最低クラスです。アメリカは約26％ですが、欧州は約50％です（図表6－13）。イギリスは、2020年までに給与の中央値に対して、60％という未知の水準まで引き上げると表明しています。

図表**6-13**　各国の最低賃金と人材評価ランキング

	1人当たりGDPに対する最低賃金の割合（%）	人材評価ランク
ニュージーランド	56.9	6
ポーランド	53.8	30
オーストラリア	50.8	18
フランス	50.0	17
イギリス	49.9	19
スペイン	46.9	45
カナダ	46.1	9
ベルギー	45.9	10
ドイツ	45.9	11
ギリシャ	45.1	44
ブルガリア	44.2	43
クロアチア	44.1	39
タイ	43.2	48
韓国	42.7	32
オランダ	42.1	8
ハンガリー	41.5	33
イスラエル	38.6	23
インド	38.0	105
台湾	38.0	—
ブラジル	37.4	83
日本	**34.9**	**4**
ポルトガル	33.4	41
アメリカ※	26.2	24

※アメリカで最低賃金で働く人口比率は非常に低いと言われている
出所：WEFの2016年データ、各国政府のデータより筆者作成

このように日本では、最低賃金がきわめて低く抑えられてきた結果、格差が非常に大きくなっています。OECDの分析が示唆するように、格差が経済成長に及ぼす悪影響はきわめて大きいにもかかわらずです。

それだけに、なぜ日本の最低賃金がこんなに低いのか、考える価値があります。

厚生労働省のホームページには、最低賃金は次のように決まっていると書いてあります。

「最低賃金は、最低賃金審議会（公益代表、労働者代表、使用者代表の各同数の委員で構成）において、賃金の実態調査結果など各種統計資料を十分に参考にしながら審議を行い決定します。」

「地域別最低賃金は、（1）労働者の生計費、（2）労働者の賃金、（3）通常の事業の賃金支払能力を総合的に勘案して定めるものとされており、労働者の生計費を考慮するに当たっては、労働者が健康で文化的な最低限度の生活を営むことができるよう、生活保護に係る施策との整合性に配慮することとされています。」

「労働者が健康で文化的な」という部分は、憲法に配慮しているのでしょう。

「通常の支払能力」という考え方を変えるべき

上記の文章で気になるのは、(3)の「通常の事業の賃金支払能力」です。賃金支払能力をどうやって測っているのかは非常に興味深いですし、もっとも大事なところです。

まず、企業の支払能力をどの統計を使って判断しているかがきわめて重要です。日本の中小企業の統計がどこまで信用ができるかという問題はさておき、そもそも企業の支払能力がそう簡単に把握できるとは思えません。同時に、どこまで勘案すべきかについては別の議論が必要で、この審議会でその判断ができるとも思えません。

最低賃金は、実はもっとも体力の弱い企業の支払能力に合わせて設定されているのではないか、と推測されます。それ以上の水準に設定することは、経済全般に関わる判断となり、社会政策を超えた経済政策となるからです。これは、厚生労働省の守備範囲を超えた、越権行為になってしまいます。

この推察を裏づける文書があります。
平成30年度、第50回中央最低賃金審議会資料の中の、平成30年6月15日付「経済財政運営と改革の基本方針２０１８」には、以下のような一文があります。
「また、経済の好循環の拡大に向けては、生産性の向上を、分配面においても力強く継続的な賃金上昇、所得の拡大につなげ、デフレ脱却を確実なものとする必要がある。加えて、成長の果実を都市から地方、大企業から中小企業へ波及させるとともに、多様な働き方の下で、若者も高齢者も、女性も男性も、障害や難病のある方々も、一度失敗を経験した人も、誰しもが活躍できる社会を実現することが不可欠である。」

ここで論じられていること自体は悪いとは思いません。しかし、やはり、経済の状況を見た上で果実を波及させるとあることから、事後的な対応に終始している印象を受けます。日本生産性本部も言っている「成果の分配」です。

しかし、この考え方には根本的な問題と限界があります。この考え方は現状を追認したものにすぎないということです。企業は生き物なのでその支払能力は変えることができる、刺激次第で支払能力を高められるという発想がないのです。あくまでも今の支払能力が変わらない、変えられないことを前提とし、その中で決めるという発展性のない概念です。

資料から推測するに、「挑戦的に経営者を刺激する力がある」「生産性を高めさせられる力がある」といった、最低賃金引き上げのいわばポテンシャルが意識されているようには、まったく思えません。

もっとも、これは厚労省であれば仕方のないことだと言えます。生産性向上政策は経産省の管轄なので、厚労省が口を出すと越権行為になってしまいます。厚労省にできるのは、現状の成果の分配しかないでしょう。

だから、最低賃金の位置づけを「経済政策」に改め、管轄する役所も代えることを検討する価値は高いと思います。

日本人の「変わらない力」は異常

最低賃金の引き上げに期待する理由はもう1つあります。

計算機を叩けば、明らかに今の日本経済のあり方を変えないと国が滅びることがわかるのに、それに本格的に取り組んでいる人は少ないように感じます。また、諸外国に比べてより改革が必要なのに、先進国として日本はもっとも改革しにくい国だと思います。

誰かが「日本人の変わらない力は異常」と言っていましたが、まったく同感です。

私はこれまで、金融業界、文化財業界、観光業界で、どんなに小さいことでも反対の声ばかりが上がり、なかなか改革が進まないことを痛感してきました。

これだけの危機に直面していても、自ら変わろうとしないのは、普通の人間の感覚では理解できません。異常以外の何物でもありません。

なぜ、こんなにも頑なに変わろうとしないのか。変わる必要がないと思っている人たちは、こんな理屈を述べ立てます。

日本は世界第3位の経済大国である
戦後、日本経済は大きく成長してきた
日本は技術大国である
日本は特殊な国である
よって、日本のやり方は正しいし、変える必要はない私が「変える必要がある」と指摘すると、次のような反論が返ってきます。

日本はお金だけじゃない、もっと大切なものがあるんだ

前例がない

海外との比較は価値観の押し付けだ

今までのやり方は日本の文化だ

見えない価値がある

データ、データと言っても、データはいらない

さらに、本音を言う人は「俺はこれ以上がんばるつもりはないよ」と言います。

このような偏屈とも言える意見を持つ人が少なくないのは、日本人の平均年齢が上がっていることに原因があるという人もいます。40歳を過ぎると人間はなかなか変わろうとしませんし、新しい考え方を受け入れなくなる傾向があります。日本は国民の平均年齢が40歳に近いので、社会全体が変化しづらくなってきているということだそうです。

いずれにせよ、重要なのはこの頑なに変わらない日本という国を、どう動かすか、動かせるかです。

日本企業は、自由にさせておくと、生産性を向上させる方向に向かわないことは、これまでの歴史を振り返れば明らかです。だとしたら、強制的にやらせるしかありません。それには最低賃金の引き上げが最適です。

日本人の「欲が足りない」問題

ここで、もう1つの日本の問題が現れます。日本型資本主義を信仰する人は、日本人はお金に対する欲がないと言います。

人口要因によって経済が勝手に成長しているのであれば、個人に欲がなくても困りはしません。しかし人口が減少する経済では、生産性を向上させるしか経済を維持・成長させることはできません。

生産性を向上させるしかない経済にとっては、欲がないのは困りものです。人口が増加しない経済は勝手には伸びないので、経済を意図的に伸ばす必要があります。つまり、個人の「欲」が必要なのです。

ここに、パラダイムシフトが関わってきます。今後、生産年齢人口1人当たり、1人の高齢者を支えるだけの社会保障費の支払能力が求められてきます。いまは2人で1人を支える状況ですから、いまの2倍くらいの「欲」が必要なのです。

余談ですが、そもそも、日本人には欲がないと主張する人は、多くの場合、給料水準が高い人のように感じます。日本人は欲がないという主張には、何か統計的な根拠は存在するのか、それともただの妄想なのか、気になるところです。

逆に、貧困で苦しんでいる人の声も聞いてみたいものです。彼らも自分が貧しいことを、美徳だと思っているのでしょうか。

それはそれとして、ここに最低賃金の役割があります。仮に、日本人に本当に欲がないならば、無理やりお金を儲けさせる政策をとればいいのです。その政策が最低賃金の引き上げです。具体例で説明します。先日、経済産業省で打ち合わせをしていたときに聞いた話です。経産省の調査では、ラーメン屋さんの社長の場合、人気が出ても3～5軒の店を展開したら、それ以上店を増やそうとしない人が多いのだそうです。

3～5店も店があれば、社長はベンツにも乗れて、六本木で好きなように遊べる収入がとれるから、それ以上に店を増やそうという意欲がなくなるのだそうです。まぁ、欲がないといえば、欲がないのでしょう。

そこで最低賃金を引き上げてみます。ラーメン屋で働いている社員の給料が上がります。ラーメンの価格を上げて、転嫁することができないのであれば、利益が減ります。社長はベンツに乗り続けられなくなります。そうすると、ベンツに乗り続けるために、さらに店舗を増やそうという意欲が生まれ、生産性を上げる動機も湧いてきます。

要は、こういうある意味自己中心的で欲の足りない社長も、最低賃金を上げることで追い込めばいいのです。このような社長は、追い込まれたら雇う人を減らすのではという声が聞こえてきそうです。しかし日本の人手不足は、今後ますます深刻になります。大きな問題になるとは考えづらいのです。

輸出と最低賃金

輸出促進政策と企業規模拡大政策の必要性を、第3章と第4章で説明しました。この2つの政策を活かすための動機も、考える必要があります。

今まで、輸出促進のために、たとえば国はクールジャパン戦略を実行したり、海外の物産展を応援してきました。しかし、これだけではビジネスにつなげていくことが難しく、それに参加した企業の輸出事業としての持続性はあまりありません。

なぜかと言うと、ほとんどの日本企業は輸出を真剣に考えていないからです。さらに第３章で紹介したように、持続的に輸出することができる規模を確保している日本企業がきわめて少ないからです。このような状況では、政策を作っても活用されないことが多いのです。

しかし、最低賃金を持続的に上げることによって、人件費の増加分を吸収するための方法を模索するように企業を追い詰めることができます。増えた人件費の分を確保するために、既存の市場だけではなく、海外を開拓するインセンティブが生まれるのです。そうすると、輸出するためには企業規模の拡大が必要ですから、会社によっては他社との統合に魅力を感じるところも出てきます。また、その必要性を認識させることにもつながります。

今、社長に欲がないとしても、自分の収入や会社の利益を強制的に社員に分配しなくてはいけなくなれば、さすがののほほん社長たちも、自らを守るための欲が生まれるというものです。

「がんばりましょう」で変われるほど甘くはない

霞が関も発想を変えたほうがいいと痛感しています。

日本で生産性向上の議論をすると、時おり「生産性向上に奮闘した成功事例を示して、その企業の生産性向上の方法を他の企業にも紹介すれば、皆も賛同して真似をする。その結果、国全体の生産性が向上することは期待できませんか」と聞かれることがあります。

まさに性善説の考え方で、大変日本的な対応だと思います。たしかに、他社の過去の成功事例や方法を紹介するだけで世の中が確実に変わるようであれば、大変結構だと思います。

しかし、経済が通常の状態であればまだしも、これから日本が迎えようとしている異常事態では、この考え方だけで通用するとはとても思えません。今までの歴史と今現在の生産性の低さを見れば、その性善説には効果が期待できないのは明白です。

やはり、企業に輸出をしましょうと言うのは簡単ですが、実現のハードルは高いです。実現するには規模を求めて、生産性を高めて、海外に出かけて、外国語も勉強しなくてはいけません。相当強い動機がないと、成功例を見せられた程度では、実行しないでしょう。

この大危機の前夜に、のほほんと「がんばりましょう」と言い合っている場合ではないのです。

労働者搾取資本主義の終焉

従業員の能力に比べて最低賃金が低いのは、経営者にとっては最高の状態です。

今までの日本経済は、優秀な国民に払うべき給料を払わないことで、企業に余裕をもたらしてきました。日本で生産性の低い企業が存続できる最大の理由は、最低賃金に代表される、恐ろしいほど低い所得水準です。

問題は、企業の余裕をどのように活かすかです。輸出の促進や商品開発などに活かしてくれればよかったのですが、多くの場合はそうではありませんでした。

こういう恵まれた環境におかれると、経営者は自ら頭を使う意欲を失ってしまいます。新しいことに挑戦したり、新しい技術を導入する理由が生まれないのです。会社のことは人に任せておいて、社長としての高い給料、すなわち「経済的地代」をもらって遊んでいればいいからです。

あえて皮肉を言うと、こういう恵まれた社長たちは、経団連に顔を出したり、ロータリーに出たり、ライオンズに出たり、業界団体に行ったり、さまざまな勉強会に行ったり、お客様を回って世間話をしたりして過ごせばいいでしょう。

今人気の、最先端なことを提言している知識人、たとえば落合陽一さんの本を買ったり、おもしろ半分で彼の勉強会に行くのもいいでしょう。勉強したつもりにはなれるかもしれませんが、自分の会社に戻って何かを変えなければ、生産性は上がりません。

低い給与で確保した余裕はこれまで、ただ単に企業間の競争に使われてきました。

その結果、日本は企業間の過当競争が世界でいちばんひどい国になってしまいました。社長以外は誰も得しない方向に、企業が蓄えた余裕が使われてきたのです。

今の日本経済は、国民の能力にふさわしい給与を払う構造にはなっていません。人材の評価は世界第4位なのに生産性は第28位ですから、日本の労働者は世界一搾取されている状況にあります。

放っておいても、経営者が労働者の人材評価にふさわしい給与を払ってくれるようにはなりません。事実、経済同友会のメンバーとして、多くの中小企業の経営者から「いい人材をできるだけ安く雇うのが、社長の腕の見せどころだ」と言われます。ならば、国は生産性向上を強制するためにも、最低賃金を引き上げて、給料水準全体の底上げを行うべきです。

当然ながら、少ない給与で優秀な従業員を働かせることの恩恵を受けてきた経営者は、最低賃金の引き上げには猛反対するはずです。最低賃金の引き上げは、日本の優秀な人材を適切に使って、適切な給料を払うという極々まっとうな経済構造に変えるだけなのにもかかわらず、です。

ビッグマック指数で見た日本的経営の歪み

「ビッグマック指数」を見ると、日本の経営の歪みを象徴的に説明できます。「ビッグマック指数」とはイギリスの『エコノミスト』誌が発表している購買力調整済みの物価指数で、ビッグマック1つがいくらするのかを表しています。ビッグマックが注目されるのは、大きさ、材料などが決まっているので、国際比較がもっともしやすい商品の1つだからです。

実は、日本のビッグマックはタイより安く、途上国並みの安さです(図表6-14)。材料などは同じなのに、なぜそれができるのでしょうか。日本は不動産も高いし、電気も高い。材料もタイより安いはずがありません。

利益を削ってそこまで安くすることは不可能なので、理由は最低賃金が安いことに尽きます。最低賃金とビッグマック指数には0・75というきわめて強い相関係数が認められます。生産性との相関もそれより強いです。ちなみに、香港と台湾も安いですが、いずれの国も最低賃金が低いという、日本と共通の特徴があります。

図表6-14　各国のビッグマック指数と生産性

	ビッグマック指数	生産性（ドル）
スイス	6.81	61,360
ノルウェー	6.21	70,590
スウェーデン	5.85	51,264
フィンランド	5.61	44,050
アメリカ	5.28	59,495
フランス	5.17	43,550
イタリア	5.17	37,970
カナダ	5.07	48,141
ベルギー	5.04	46,301
デンマーク	4.95	49,613
スペイン	4.86	38,171
ドイツ	4.80	50,206
イスラエル	4.68	36,250
オランダ	4.56	53,582
イギリス	4.48	43,620
ニュージーランド	4.47	38,502
チリ	4.29	24,588
クロアチア	4.23	24,095
オーストリア	4.18	49,247
韓国	4.16	39,387
ギリシャ	4.12	27,776
オーストラリア	4.06	49,882
コスタリカ	4.04	17,149
ポルトガル	3.94	30,258
コロンビア	3.88	14,455

	ビッグマック指数	生産性（ドル）
エストニア	3.88	31,473
チェコ	3.83	35,223
タイ	3.81	17,786
アルゼンチン	3.73	20,677
日本	**3.59**	**42,659**
リトアニア	3.44	31,935
ハンガリー	3.40	28,910
ラトビア	3.32	27,291
中国	3.25	16,624
ペルー	3.25	13,342
ポーランド	2.95	29,251
ベトナム	2.85	6,876
インド	2.76	7,174
トルコ	2.70	26,453
メキシコ	2.63	19,480
香港	2.61	61,016
インドネシア	2.60	12,378
フィリピン	2.57	8,229
台湾	2.37	49,827
マレーシア	2.33	28,871
ロシア	2.26	27,890

注：2018年、購買力調整済み
出所：『エコノミスト』誌、IMFデータより筆者作成

所得水準の低さは「美徳」ではなくなった

私が、「日本は最低賃金を上げるべきだ」という主張をすると、「日本人の給料が低いのは美徳です」という反論が返ってきます。

驚くべきことですが、日本型資本主義を信仰している人の中には、日本の所得水準が低いことや、最低賃金が低いことを「美徳」だと考えている人もいるということです。

「日本人にとって大事なのはお金だけではない。一所懸命働いて、その成果を人のためにできるだけ安く提供している献身的な日本人は美しい」

たしかに聞こえだけはいいですが、これからの時代、これはきれいごとです。

もはやその考え方は時代錯誤です。人口が大きく増加していた時代なら、1人ひとりが本来もらうべき給料をもらわなくても、経済は人口の増加によって成長していました。

そのころならば、先ほどの美徳の話も、理屈としては成立しえました。65歳以上の高齢者世代のための福祉制度を充実させても、生産年齢人口の増加によって、それらの負担を支えることができました。稼ぐ力を追求する必要はないし、追求しないことこそが社会貢献だという理屈も成り立ちます。

しかし、客観的に考えれば、そのこと自体は日本型資本主義ならではの特徴ではなく、単純に人口が増加していたから可能だっただけです。日本型資本主義とは、人口増加が可能にした副産物でしかないのです。

国の借金でも同様のことが言えます。人口が増えているのであれば、経済も成長するので、国の借金は相対的に小さくなります。人口が増えているのであれば、税収が増えるので、財政は改善します。ただ、人口の増加が止まると、途端に流れが変わります。昔は個々人の稼ぎを考える必要はなかったかもしれませんが、これからの時代は違うのです。

潜在能力だけでは飯は食えない

先ほど説明したように、日本には優秀な人材が山ほどいるのに、生産性は先進国最低水準です。

このことを別の言葉で表現すると、日本は潜在能力はすごいけれど、成果や実績が出せていないということになります。

日本は人材の評価が高い、特許の数も世界一、技術力も高い。だから、人材は第4位と高く評価されています。しかし、忘れてはいけないのが、評価されているのは潜在能力であって、成果や実績ではないということです。

ここで言う成果や実績とは、生産性と所得水準です。そもそも先進国と途上国の違いは、所得が高いか低いかです。先進国は潜在能力を発揮する環境が整っているので、その結果、所得が高くなっているだけです。潜在能力の違いで、先進国と途上国に分けられているわけではないのです。

繰り返しますが、日本は、人材評価は第4位ですが、生産性は第28位です。潜在能力が十分発揮できていないのは明らかです。逆に考えれば、世界第4位という日本人の評価が正しくないのか、潜在能力を無駄にしているのかのどちらかだということもできます。日本人が勤勉なのは確かなので、人材の評価は間違いではないでしょう。

ということは、単に潜在能力を十分に発揮できていないというのが、正しい見立てになります。発揮できない潜在能力は、存在しないのと同じだということを肝に銘じるべきです。

日本型資本主義を信仰している人が言う、「日本の所得水準の低さは美徳だ」などという屁理屈は、人口が増えている間はまだ聞くに堪えました。しかし、人口が減り出した途端、貧困、借金、年金、医療などさまざまな問題の深刻さが表面化します。

そうなれば、所得水準の低さが美徳だなどという戯言は言っていられなくなります。こういう戯言をいまだに口にする連中には、さっさと妄想からは醒めてほしいとつくづく思います。

私がこういう意見を言うと、「ただの白人のお金儲け主義ではないか」と言われそうですが、そういうことではありません。年金、借金、医療費、子どもの教育費などは、潜在能力では支払えないと言いたいのです。世界一特許が多いと言っても、世界一使われていないのならば、ただの自慢でしかありません。

ポテンシャルを発揮できていないと言えば、日本の社会インフラや学校教育に関しても、同じことが言えます。これらへの投資も十分に回収できているのか、はなはだ疑問です。

一所懸命に教育を受けさせた子どもたちを無駄に使ってしまっているようであれば、それまでに使った教育費は回収されずじまいになってしまいます。もしそうだとしたら、子どもたちにお金をかけて教育する理由もなくなってしまいます。

これからの時代、生産年齢人口がしっかり稼ぎ、その一部を高齢者に分配する必要があります。消費税をどうするかというレベルの問題ではありません。稼がないと分配するものがない。これからの時代は、稼ぐことこそが社会貢献なのです。

国家として許せなくなった「美徳」

しかし、外国人の私がどう思うかは関係ありません。人口が減少すればするほど、稼がなくてもいいという美徳を許せなくなる存在があります。日本政府です。

国家にとって最大の財産は国民です。また、国としては、財源はともかく、税収が増えることを良しとします。

国民の数が増えることによって経済が成長し、税収が増えるのであれば、個々人の稼ぎに口を挟むことはありません。しかし、人口が減少し、経済が成長しなくなって税収が減るのであれば、話は別です。国家の最大の財産たる国民の稼ぐ力が重要になり、個別企業にも口を挟まざるをえなくなります。

なぜならば、国には人口が減っても税収が減らないようにしなくてはいけない、いくつかの理由があるからです。まずは国の借金です。

日本の借金の対ＧＤＰ比率は世界一です。これは、現役世代が次世代に「稼ぐ義務」を先送りしてきた結果です。年金を支払えるだけの稼ぎをあげてこなかったためにできた借金です。別の見方をすれば、いままでの無理、非現実性、妄想、甘えの積み重ねが、国の借金という形で現れているのです。

国の借金は、借金の総額ではなく対ＧＤＰ比が重要です。人口増加要因のエンジンが止まり、ＧＤＰが成長しなくなれば、途端に問題が大きくなります。


この問題を解決するための方法は２つあります。

１つは借金を減らすこと。

もう１つは、生産性を高めてＧＤＰを膨らまし、借金を削らなくても負担を軽くすることです。これを実現するには、所得水準の向上が不可欠です。


ここにも、大きなパラダイムシフトが求められています。日本では前者の「借金を減らすべき」だという考えの人が多いように思います。いまの政策や議論のポイントは「国の借金が多いから減らそう」「年金制度はもたないから、制度を変えて支給額を減らそう」というものです。

しかし、これはあくまでもいまのGDP、いまの国民所得が変えられないという前提の下での議論でしかありません。前提を大胆に変えるという発想のない、ある意味で夢のない、低次元な対応です。

しかし、私は後者の手段をとるべきだと考えます。たとえば年金制度の健全性を見ると、その国の生産性との相関が非常に強いという、当然の結果を確認できます。日本の年金制度の評価が低い理由の1つは、国民所得が低いことに由来しています。制度を変えるより、パラダイムシフトを意識して所得を増やすことを優先すべきです。

たしかに、所得水準を向上させるのは、口で言うのは簡単ですが、実現するのはとても大変です。しかし、これが実現できたら、問題は根本から解決します。

財政にも同じことが言えます。財政が厳しいから、税率を引き上げる。これが、政府や財務省がいつも言っている理屈です。

しかしながら、税率を引き上げるだけではなく、政府がとれる選択肢はもう1つあります。所得を引き上げれば、税率を引き上げなくても財政は改善するのです。

消費税の引き上げに関しては、さまざまな意見が交わされていますが、その議論を聞いているといつも不思議だと思わされます。

消費税は、海外では税率10％以上が当たり前で、中には15％を超える国もあります。一方、日本は８％で、国際的に見ると低く抑えられています。「どこそこの国は15％だから、日本も15％にするべき」と指摘している人も見たことがあります。消費税の議論ではこのように、税率の高低だけの単純な比較がされているのをよく耳にします。

しかし、国によって生産性が違うので、税率だけの比較はかなり無意味です。

たとえば、１人当たりの購買力調整済み平均可処分所得が６００万円の国と、４００万円の国があるとします。所得のすべてが消費された場合（極端な話ですが、説明を簡単にするためです）、前者の消費税率が15％で、後者が８％だとすると、税収は前者が90万円、後者は32万円です。後者は８％で税率が低い。前者は15％だから後者も15％に引き上げるべきだ、ということで15％に上げたとしても、32万円が60万円になるだけで、税収額は当然同じになりません。つまり、そもそもの所得が違う場合、比率を同じにする・しないの議論は意味を持たないのです。

このように、日本で行われている消費税の議論は、完全に間違っています。

先ほどのイギリス人の例に戻りますと、ほぼ同じ生産性を挙げている日本人が10％の消費税を支払った後に残る最低賃金は５・85ドルですが、イギリスでは７・97ドルも残ります。少ない所得にどう課税するかではなく、所得をどう増やすべきかを先に議論するべきなのです。

すでに説明したように、国の借金は対GDP比が高い場合に問題視されます。高くなりすぎた借金の対GDP比率を下げるには、分子の借金を減らすことも方法として考えられますが、分母のGDPを増やすのも方法の1つです。

日本の生産性は世界第28位と低く、そのためGDPが異常に少ないので、借金が必要以上に多く見えてしまうのです。国の借金問題は、実は少ない所得の問題なのです。

最低賃金と移民政策

国民の所得を増やさないといけないにもかかわらず、日本の経営者は明らかに給料の上昇を抑えようとしています。これまでずっと、非正規や女性を増やしてコストを削減してきました。それに加えて、明らかに人手不足による給料上昇圧力を抑制する動きをしています。

経営者は、雇用規制の緩和を求めています。どの国でも雇用規制の緩和は雇用側の立場を強化して、労働者の交渉力を下げるのが目的です。人手不足による賃金上昇圧力を抑制する戦略です。もちろん、経営者としてはもっとも楽な戦略ですから合理的ですが、国益に反します。

一般的に日本は移民政策に反対する傾向にありますが、最近、企業はその態度を変化させ、外国人労働者の受け入れ増加に積極的になってきました。

それはなぜか。理由は簡単です。途上国からの安い労働力を使いたいという、明確な賃金抑制戦略です。

企業がビジネスモデルを変えずに、今までどおりに人手依存型の構造を継続すると、日本人労働者の減少によって人手不足になります。当然、労働者の給料水準は上がり始めます。

ここで対策として生産性向上を図ればいいのに、現状を維持したまま足りなくなった日本人を外国人労働者で代替えしようとするのが、多くの日本の経営者です。給料水準の抑制のためとしか思えません。つまり、移民政策に賛成か反対かは、High road capitalismへの移行をどう考えるかによって変わるのです。

生産性向上を実行して、最低賃金を引き上げていくという政策を実施しているのであれば、移民政策も実施する価値はあるかもしれません。

しかし、安易に安い賃金で働く外国人労働者を増やす政策は、生産性向上を邪魔する政策になりかねません。ただでさえ日本人の所得水準は低いのです。さらに賃金が低い労働力を増やせば、価格競争を今以上に激化させて、日本人労働者をさらに苦しめる政策になります。社会保障のコストは負担できず、国が破綻します。最悪以外の言葉が見つかりません。

技術革新は日本を救わない

一部の日本人には、技術力に「特効薬」としての期待を寄せる傾向があります。しかし、私はそうは考えません。実は、技術力が特効薬になり得るかを分析した論文もあります。日本と同様に、実は、イギリス政府も自国の生産性が低いことに頭を悩ませています。イギリスは大学の評価やノーベル賞獲得数などを見るかぎり、研究開発の成果は悪くないのに、企業部門での実績が出せていないのです。

そこで、政府を挙げて、対アメリカ・対ドイツの生産性ギャップを縮小させ、国民所得を高めようとしている最中です。政府は大学に依頼し、徹底的に調査・分析して、生産性向上のポイントを探っています。

「The Five Drivers of Productivity」という分析では、生産性向上に決定的に重要だと思われる5つの要素を識別して、相関関係と因果関係を分析しています。まさにエビデンスに基づく政策（Evidence Based Policy Making）で対応しようとしているのです。重要だとされている順に、ご紹介します。

①アントレプレナリズム

そのイギリス政府の分析によると、技術革新はイノベーションを起こし、生産性向上をもたらす最重要の要素ではありません。いちばん重要なのは、実はEntrepreneurismです。

「Entrepreneur」は、一般的に「起業家」と訳します。しかし経済学では、より広い意味合いが含まれています。「イノベーションの担い手として創造性と決断力を持って事業を創始し、運営する個人事業家」という説明を見たことがありますが、これも英語のニュアンスとは微妙に違います。

国連の定義では、Entrepreneurとは「市場に変化と成長を起こすような新しい発想の創出、普及、適用を促す人。チャンスを積極的に探って、それに向かって冒険的にリスクをとる人」となっています。つまり、Entrepreneurであることは、何も新しい企業だけではなく、既存企業の中でも可能なのです。

イギリス政府の分析によると、このEntrepreneurismと生産性の間の相関係数は0・91と、きわめて強い関係があることが明らかになっています。

つまり、新しい発想を持って、既存の経営資源（人材、技術、資本）を組み直したり、新しい企業体系を作ったり、技術と組織、その他の資源の新しい組み合わせを構築することが、生産性向上にはいちばん効果的だというのが結論です。

このような経営資源の組み直しや組織変更などが、生産性向上にとってきわめて重要だということは、１９９０年代のアメリカと日本の企業行動の違いを考えると合点がいきます。

アメリカの生産性は１９９０年代に飛躍的に向上しました。一方、日本の生産性は、まったくと言っていいほど上がりませんでした。なぜこの違いが生まれたのでしょうか。

それは、アメリカでは多くの企業が技術革新の効果を最大限に引き出すために、組織を大幅に刷新し、仕事のやり方を大胆に変えたのに対し、日本では技術導入はしたものの、組織や仕事の仕方に手をつける企業が少なかったからです。そのため、日本は生産性を上げることができなかったのです。

組織や仕事のやり方を刷新できるか否かは、企業の「機敏性」がものを言います。統計的な分析に長けている「IMD World Digital Competitiveness Ranking 2017」によると、日本企業の機敏性は世界63カ国中57位で、先進国中最下位です。

既存の経営資源の組み直しが生産性の向上にもっとも貢献するというのは、当たり前と言えば当たり前です。新しい技術を生み出すより、既存の技術の使い方を変えるほうが簡単だからです。

言うまでもなく、新しい技術は人がそれを活用しなければ、何も生み出さない死んだ技術になります。また、特定の1つの企業だけがそれをフルに活用したとしても、GDP550兆円超の日本経済にはほとんど影響しません。

新しい技術は広く普及させることがいちばん重要です。自然に起こることではなく、人の手を介するものなので、Entrepreneurがいればいるほど新しい技術の普及は進みます。

②労働者1人当たりの物的資本増強

Entrepreneurismに次いで生産性の向上に寄与する要素は「設備投資を含めた労働者1人当たりの物的資本増強」です。物的資本とは土地、公的なインフラ、機械なども含みます。その投資自体もGDP成長に貢献するので、当然、生産性向上に貢献する傾向も確認されています。

物的資本の増強と生産性向上との相関係数は0・77。こちらもかなり高い数字です。実際、戦後のGDPの成長のうち、約半分は設備投資によるという分析結果も出ています。

③社員教育によるスキルアップ

3番目に生産性の向上と高い相関があるのが「社員教育によるスキルアップ」で、相関係数は0・66です。

イノベーションを起こし成長を推進するには、社員自身もレベルアップしていかなければならず、そのための再教育が必要なのは言うまでもありません。新しいスキルの獲得、新しい技術を活用できるスキルなどが必要になります。スキルアップと企業規模の間にも強い相関関係があります。この件に関しては第7章で説明します。

日本には、もう1つ「経営者のスキルアップ」という、固有の問題があります。

日本では職責が上がれば上がるほど、教育、研修を受ける機会が少なくなるのが一般的です。そのため、日本では経営者教育が十分なされているとは言えません。実際、労働者の人材評価が高いにもかかわらず、国際的には日本の経営者の能力はきわめて低く評価されています。

「IMD World Talent Ranking 2017」によると、日本の経営者ランキングは、機敏性が63カ国中第57位、分析能力が第59位、有能な経営者がいる割合が第58位、経営教育を受けたことがある割合が第53位、海外経験が第63位でした。

日本にはいまだに、利益と生産性の違いが理解できていない大企業の社長もいらっしゃいますので、低い評価なのもうなずけます。

1990年代に入ってＩＴ化が進み、経営者の勘や経験の重要性が低下する一方、機敏性や調査分析能力の重要性が増していると言われています。しかし、日本の経営者の分析能力は、先のＩＭＤの評価では63カ国中59位で、先進国中最下位です。

日本では国民の平均年齢が高くなるにつれ、経営者も高齢化する傾向があります。つまり、学校を卒業してからより長い年月が経ち、古いやり方に慣れている経営者が、他国と比べて幅を利かせているのです。そのような高齢経営者の場合、新しいやり方を取り入れる以前に、そもそもその新しいやり方の存在自体を知らないことが少なくありません。

実際、日本は先進国なのに「いまだにファックスが多く使われている」と揶揄する声も聞こえてきます。日本では頭の古い経営者の再教育が不可欠なのですが、それに気づいている人は少なく、もちろん実行もできていないのが現実です。

④技術革新

では、日本人が大好きな「技術革新」と生産性の関係はどうなっているでしょうか。

実は生産性向上と「技術革新」の相関係数は意外に低く、0・56です。先に紹介した3つの要素と比べると、決して高くありません。このことは、技術革新だけでは生産性を上げるのには不十分であることを示唆しています。

イギリス政府はこの問題にかなり力を入れています。イギリスは大学の評価が高く、さまざまな分野で革新的な技術を生み出していますが、経済全体の生産性向上に対する貢献度合いが期待したほど高くないからです。

イギリス政府は、その原因を「新たに開発された技術の普及率が低いから」と分析しています。これは、先ほど説明したEntrepreneurismと深い関係があります。要するに、研究開発のための研究開発に終始してしまい、実際に導入までこぎ着ける力が足りないのです。

これは日本にも、大いに当てはまると思います。

技術大国と言いながら案外アナログの部分が多い。特に零細企業は、あたかも昭和がまだ終わっていないようなところが非常に多く見られます。事実、日本は特許の数が非常に多いのに、特許が活用されない比率がきわめて高いとも言われています。

OECDも「The Future of Productivity」という報告書で、同じ指摘をしています。

世界の一流企業は技術革新が順調に進んで、生産性も向上していますが、中小企業を中心とした大半の企業の生産性はなかなか上がらず、規模の大きい企業との差が次第に拡大していることを、データで確認しています。

観光業界を見ても、同様の問題があることを痛感します。日々素晴らしい技術が生まれ、特許の数では世界一を誇る日本で、いまだにクレジットカードが使えなかったり、ネット予約ができない宿泊施設が少なくありません。

このように、せっかくの技術が活用できておらず、利用者に不便をかけている例は、日常生活のシーンを少し思い浮かべれば山ほど出てきます。

「それはそれで、古き良き時代の日本が残されていていいことではないか」と言われたりもしますが、そうなるともう「それでは生産性は向上しません。では、人口減少はどうしますか」としか言えません。

⑤競争

私が、日本は中小企業の統合を進めるべきだと言う理由の1つに、過当競争があります。

World Economic Forumの分析によると、日本の企業間競争の熾烈さは世界第1位です。熾烈すぎる企業間の競争環境は、生産性を向上させるのにはマイナスに働きます。意外に思われるかもしれませんが、イギリス政府の分析でも同様の結果が出ています。

経済学では、一般的に競争はいいことであるとされています。イノベーションにつながったり、さまざまな面で刺激が与えられるなど、資本主義の基礎の1つだと考えられています。

しかし、競争もあまりに度が過ぎると話は違ってきます。

先ほども説明しましたが、イギリス政府は生産性向上に決定的に重要だと思われる5つの要素を識別して、相関関係と因果関係を分析しています。その結果、競争と生産性向上との間にある相関関係はきわめて低いことが報告されています。その相関係数はたったの0・05でした。

競争と生産性向上の相関が低い理由は、一定の競争は企業間の競争を建設的に刺激する一方、その度合いが過ぎ過当競争となると、価格競争が厳しくなり、Low road capitalismに移行してしまうためです。利益が削られ、研究開発や設備投資を削ることも余儀なくされます。その結果、将来性と持続性に悪い影響が出る経営戦略をとる傾向が強くなるとされています。

日本はすでに、過当競争状態だと評価されています。しかも、これから人口が減って、需要が少なくなります。適切な政策を打たなければ、過当競争の度合いが、さらにひどくなる可能性が非常に高いのです。

低い生産性の問題、国の借金の問題、財政再建の問題、福祉制度の問題、ワーキングプアの問題、女性活躍の問題、子どもの貧困の問題、少子化の問題、消費税の問題、地方創生の問題。日本には実にたくさんの深刻な問題があります。しかし、これらの問題の根っこはたった1つです。

最低賃金が低いこと。ここにすべての問題の根源があります。

人口減少という固有の問題を抱えている日本は、他の先進国より生産性を上げる必要があります。他国より評価の高い人材が日本にはいます。他国ができた、最低賃金の引き上げによる生産性の向上を、日本でできないはずはないのです。やる気と、経営者と、政治家の問題だと思います。

参考文献

José Luis Iparraguirre D'Elia, "The Five Drivers of Productivity. How Much Does Each One Contribute? Causal Analysis of Regional Labor Productivity in the UK," ERINI Monographs, No.14, September 2006.

第7章

人材育成トレーニングを「強制」せよ

――「大人の学び」は制度で増やせる

PARADIGM SHIFT 7

教育を子ども向けから大人向けに拡張する

高齢化が進む中で生産性向上を実現するには、本格的な人材育成トレーニング制度が必要である。

何度でも社員を再教育して、技術革新の普及率向上を支えるべきだ。

本書では、3つのことを提言してきました。

1つ目は、生産性向上にコミットして高生産性・高所得資本主義を実施すること。

2つ目は、それを可能にするために企業の規模拡大を促す、統合促進政策を実施すること。

そして、3つ目は、単に制度を整備するだけではすべての民間企業が国の狙いどおりに動くはずがないので、津々浦々の企業に動いてもらうため、最低賃金の継続的な引き上げを行うこと。

以上の3つがここまでに紹介してきた私の提言です。

しかし、日本経済を再生させるためには、これらだけでは十分ではありません。そこで、最終章となるこの第7章では、日本経済再生のために、さらに何が必要かを考えていきたいと思います。

日本の生産性問題はどこにあるか

日本の生産性が海外に比べて低迷するようになったのは、1990年代に入ってからです。その中身を見ると実に興味深いことがわかります。

経済成長の中身は3つに分けられます。労働の投入量、資本の蓄積、全要素生産性向上です。労働の投入量は時間や労働人口です。資本は労働者1人当たりどのくらいの資本が与えられているかを指します。

3つ目の全要素生産性は、人と資本の量的投入拡大以外の生産性向上効果です。一般的には、技術革新の普及、就業者の教育・訓練、組織の改革などを指します。別の言い方をすれば、労働の投入量と資本の蓄積では説明できない生産性の向上要因です。広義には工夫、発想、クリエイティビティなども含まれます。

前の2つは、わかりやすいと思います。人を雇ったり、機械を買ったりすれば上がります。単純な経営戦略でも実施できます。一方、第2章で説明した高生産性・高所得資本主義は、主に全要素生産性の向上によって実現されます。

図表**7-1**　G7各国の経済成長要因（1990～2007年、%）

	カナダ	フランス	ドイツ	イタリア	日本	イギリス	アメリカ	平均
マクロ経済								
インフレ率	2.3	2.0	2.3	3.9	0.4	2.6	3.3	2.4
実質GDP成長率	2.6	1.9	1.7	1.5	1.3	2.9	3.0	2.1
内訳								
人的資本	0.9	0.4	0.2	0.3	0.4	0.3	0.8	0.5
物的資本	1.1	0.8	0.7	0.7	0.8	1.0	1.3	0.9
全要素生産性	0.9	0.7	0.8	0.5	0.2	1.7	1.0	0.8
労働生産性	1.5	1.2	1.4	1.0	0.8	2.5	1.8	1.4
内訳								
資本/労働者	0.6	0.5	0.6	0.5	0.6	0.8	0.8	0.6
全要素生産性	0.9	0.7	0.8	0.5	0.2	1.7	1.0	0.8
人口動態								
高齢化	2.8	4.1	8.6	8.3	15.8	−0.9	−0.4	5.5
人口増減	1.1	0.5	0.2	0.3	0.2	0.3	1.1	0.5

出所：IMF

1990年から2007年の間、日本の実質GDP成長率はG7中もっとも低い1・3%でした。ちなみにG7の平均は2・1%です（図表7-1）。

人的資本の成長率はG7平均の0・5%に比べて0・4%でしたので、ここに日本の低迷の理由があるわけではありません。また、物的資本の成長率は、G7平均の0・9%に対して日本は0・8%でしたので、資本の問題でもないことがわかります。

ということは、問題は明ら

図表7-2　高齢化率と全要素生産性

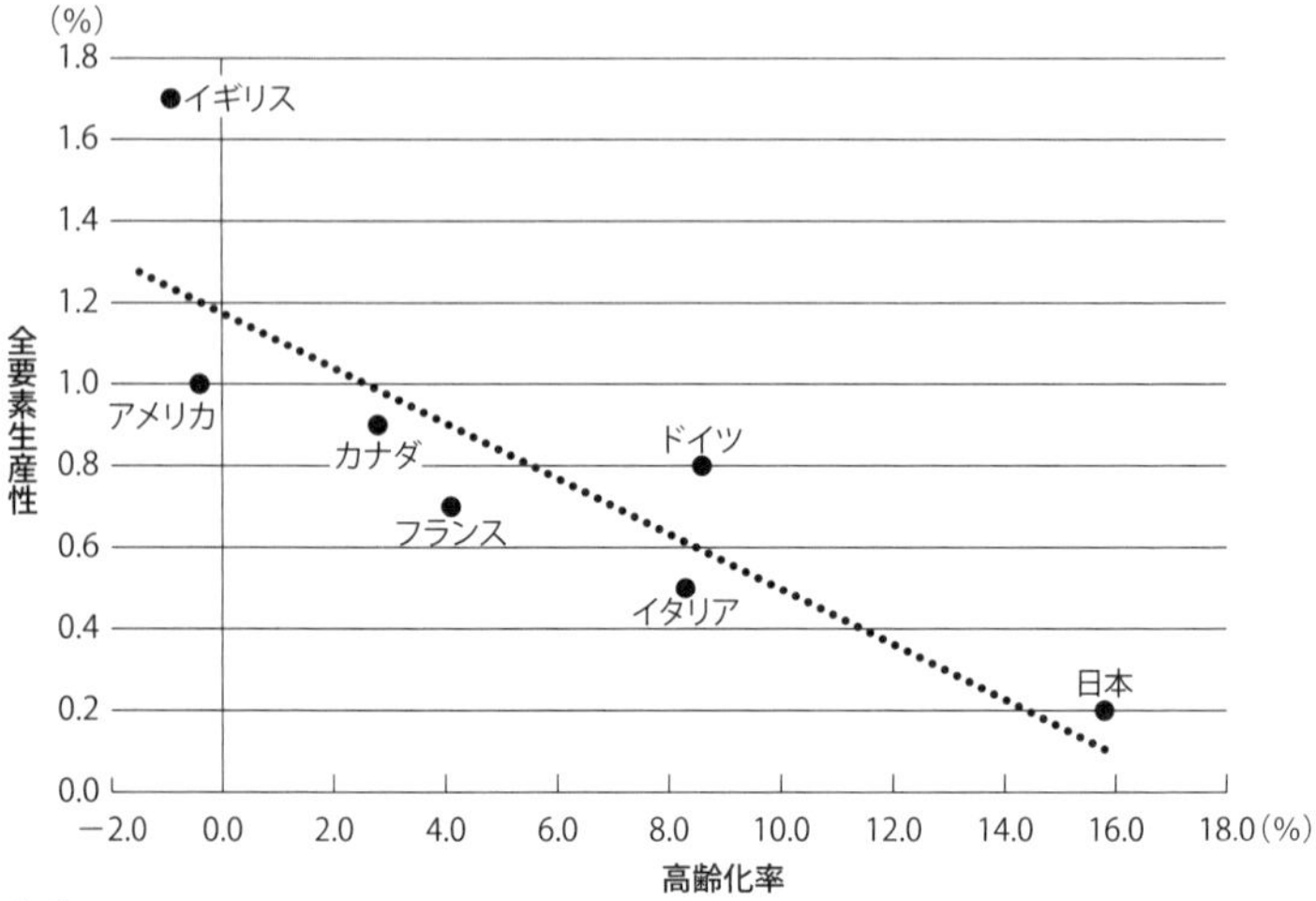

出所：IMF

かに全要素生産性にあります。G7の全要素生産性上昇率0・8%に対して、日本は0・2%でした。日本の低迷は、これに起因するのです。

IMFはこの理由の1つに、生産年齢人口の相対的な減少があるという仮説を立てています。IMFの分析によると、生産年齢人口に対する高齢者比率の変化と全要素生産性向上率との間に相関が認められるからです（図表7−2）。

この全要素生産性は、日本のいちばんの弱みかもしれません。人と機械をどう組み合わせるか。技術革新がどこまで多くの企業に普及しているか。新しい技術を活用するために今までの組織、仕事のやり方を変えられるか。技術進歩によって廃れた仕事を業界の反対を押しつぶしてでもやめられるか。企業レベルでは経営者の機敏性、国レベルでは政治の決断力と実行力が問われます。

また別の論文では、興味深いことに、低生産性企業の統合と全要素生産性向上との間に、もっとも高い相関係数が確認されています。

さまざまな分析を確認すると、この問題の解決法の1つには、労働者と経営者の再教育があることがわかります。第6章で紹介した生産性向上の5要素の3番目、スキルアップです。新しい技術を導入して活用するために、経営者も労働者も勉強が不可欠なのです。

解雇規制緩和は不可欠か

生産性向上を図る企業への支援策を検討する前に、ここでは一部の経営者が信じ込んでいる「ある誤解」について考えてみたいと思います。

なぜそんなことが必要なのか。それは、日本では、諸外国ですでに検証され、実は大して重大でもないことが、あたかも大問題のように誤解され、真剣に議論が進んでしまうことが少なくないからです。

今もまた、いろいろなことが誤解をもとに議論されています。ここでは特に気になる「解雇規制」について考えてみます。

日本では最近まことしやかに、経済成長のためには解雇規制の緩和が必要だと語られていますが、本当に解雇規制の緩和は経済成長のために必須なのでしょうか。

World Economic Forumの国際競争力評価の報告書の中で、「どんなことがビジネスを進めていく上の課題だと考えているか」と、経営者にアンケートした結果が掲載されています。日本の経営者の回答で、第1の課題として掲げられているのが雇用規制です。次いで第2位が税率で、4番目に霞が関の非効率が挙げられています。

3番目にイノベーションの問題が挙げられているのですが、これ以外は「労働者が悪い」「財務省、霞が関が悪い」「政府が悪い」と、ほとんどが他人の批判になっています。ある意味、日本の経営者の特徴をあぶり出していておもしろいです。

それはさておき、もっと重要な問題があります。実は、「雇用規制が課題だ」と日本の経営者たちが考えていること自体が問題なのです。

この問題は2つの論点に分けて考える必要があります。1つ目はそもそも日本の雇用規制は科学的に見ても本当に厳しいのかどうか。2つ目は雇用規制と生産性はどこまで相関関係があるのか。

この2点について、順を追って検証していきます。

そもそも日本の雇用規制は厳しいか

World Economic Forumの「The Global Competitiveness Report, 2017–2018」によると、日本の労働市場の効率性は世界第22位です。解雇規制は第113位と低いのですが、それ以外の指標ではかなりよい評価になっています。解雇手当は世界第9位、労使間の協力は第7位、賃金設定の自由度は第15位で、その負担が軽いと評価されています（図表7－3）。世界経済フォーラムのデータを使うと、雇用規制と生産性の相関係数は0・73です。この基準では日本の雇用市場はかなり評価が高いので、たとえ緩和したとしても、生産性がそれほど上がるとは考えられません。

たしかにアメリカより日本の雇用規制が厳しいのは事実です。このことだけを取り上げて、

図表7-3　労働市場の効率性

	総合	労使間協力	給与設定の柔軟性	採用・解雇	解雇手当	税制の影響	生産性	経営	人材確保	人材誘致	女性参加
カナダ	7	15	25	10	31	26	9	12	15	10	25
フランス	56	109	59	133	44	119	63	22	75	61	32
ドイツ	14	21	114	18	91	34	7	17	13	13	39
イタリア	116	102	131	127	12	127	125	94	106	104	89
日本	**22**	**7**	**15**	**113**	**9**	**37**	**40**	**16**	**44**	**73**	**77**
イギリス	6	19	14	8	27	42	18	9	6	3	49
アメリカ	3	14	18	5	1	15	3	13	3	5	56

出所：World Economic Forumのデータより筆者作成

「アメリカより厳しい雇用規制があるから、生産性でアメリカに劣ってしまうのだ」という理屈をこねる人がいますが、視野が狭すぎる上、根拠薄弱だと言わざるをえません。

当たり前のことですが、アメリカは世界百何十カ国の1つにすぎません。そのアメリカとの比較だけを根拠にされても、示唆に欠けるだけでなく、誤解も招きかねません。特に欧州に比べれば、日本の雇用規制は厳しいとは言えません。しかし、日本の生産性の水準やその成長率は、欧州より低いのです。

「解雇規制緩和は生産性を高めない」のは世界の常識

日本の雇用規制は厳しくありません。厳し

いのは「解雇規制」です。

解雇規制が緩和されたら、不要になった従業員を簡単に解雇できるようになるので、経営者はたしかに楽になるかもしれません。しかし重要なのは、経営者が楽になるかどうかではなく、解雇規制の緩和が生産性にどのような影響を及ぼすかです。

解雇規制を緩和したら、生産性は言われているほど上がるのでしょうか。

実際に相関関係を算出してみると、先進国の場合、解雇規制と生産性の相関関係はあまり強くないのがわかります。実は、解雇規制と生産性の相関係数を計算すると、かなり低い0・32でした。


世界を見渡せば、解雇規制が強くても生産性が高い国もあれば、生産性が相対的に低いのに解雇が容易な国もあります。たとえば、前者はスウェーデンやオーストリア、後者はイギリスやカナダです。ですから、解雇規制を緩和するだけで生産性が劇的に上がるのか、懐疑的にならざるをえません。

解雇をしやすくすれば、日本の生産性は劇的に上がるのでしょうか。価格競争は緩和されるのでしょうか。現在、日本の所得水準は先進国の中で最低レベルですが、解雇をしやすくすれば、所得が劇的に上がるのでしょうか。

解雇規制が緩和されたからといって、毎年全員を解雇するわけではないでしょう。一部の従業員のクビを切ることができるようになったからといって、企業の生産性がいきなり向上したりするものではありません。

たしかに、解雇規制を緩和することも、生産性を向上させるために必要なのかもしれません。しかし、劇的な効果があるかはきわめて疑問ですし、生産性向上にコミットしないままで緩和すれば、おそらく逆効果になると思います。少なくとも、特効薬ではないことだけは断言できます。

私には、「解雇規制が日本で経営するための課題だ」というのは、20年以上にわたって生産性をまったく上げられなかった、日本の経営者の言い訳にしか聞こえません。

先ほどデータを紹介したように、国際的に見ても日本の労働規制はそれほど厳しくありません。私自身、ゴールドマン・サックスにいたときから、海外のほうが日本に比べて労働規制がかなり厳しかったのを実感していました。

日本の経営者は分析能力がないか邪悪か

このように、さほど厳しくない日本の雇用規制を第1のビジネス課題に挙げてしまうあたりに、日本の経営者の分析能力とレベルの低さが垣間見えるようにも思います。

日本の雇用規制は厳しくないので話になりませんが、仮に国際的に見て厳しい日本の解雇規制を緩和したとしても、そもそも解雇規制の厳しさと生産性にはそれほど強い相関関係がないのは、先ほど紹介したとおりです。つまり、雇用規制をビジネス課題として挙げること自体が、日本の経営者の分析能力のなさを示しているのです。しっかり調査もせずに、単純にアメリカと比較しただけで、感覚で物事をとらえる経営者が多いことを、先ほどのアンケートの結果が示唆しているともいえるでしょう。

仮に日本の経営者のレベルが低くないとすると、もっと恐ろしいことになります。なぜなら、日本の経営者が事態を正しく認識していると仮定すると、日本の経営者は次のいずれかになってしまうからです。

・日本経済のことはおかまいなしで、単に自分が楽をして経営したい
・そもそも解雇規制が緩和されても大して生産性が上がらないことはわかっているにもかかわらず、悪意を持ってごまかしている

私は、日本の経営者がそこまで邪悪ではないと信じています。だから、誤解の原因は単に彼らの調査・分析レベルの低さにあると考えているのです。

最低賃金だけでは不十分：デンマークモデル

さて、第7章の論点に話を戻します。

ケンブリッジ大学の論文、「The Productivity-Enhancing Impacts of the Minimum Wage: Lessons from Denmark, New Zealand and Ireland」では、第5章、第6章で紹介した最低賃金の引き上げ効果だけでは高生産性・高所得経済に移行するとはかぎらないと指摘した上で、いくつかの例を紹介しています。

特に、ニュージーランドの労働規制緩和の歴史は、日本にとって大いに参考になります。

ニュージーランド政府は1991年に労働規制を大幅に緩和しました。所得水準などが下がり、労働者の不満も高まったので、政府は最低賃金を1999年の6・50ドルから、2007年までに11・25ドルと、実に73％も引き上げました。その効果もあり、2005年の失業率は20年ぶりの低水準となりました。

しかし、ニュージーランド政府の目指している高生産性・高所得経済への移行は思うように実現せず、ケンブリッジ大学の指摘を裏づける事例の1つとして取り上げられています。

そこでは、ニュージーランドのもっとも重要な問題は、供給過剰による価格競争であるとされています。ニュージーランドも日本と同じように、小さい企業で働いている労働者の比率が高いという構造的な問題を抱えています。ここは大いに注目すべきです。

一方、高生産性・高所得経済の成功事例としていつも取り上げられるのが、デンマークです。視察に訪れる人も多く、デンマークのモデルに関心を持っている他国の政府が数多くあるという話もよく耳にします。

デンマークは、労働規制が柔軟に設定されている一方で、社会保障は充実しています。そのため、flexibleとsecurityを合わせて作られた「flexicurity」という言葉で表現されています。

デンマークには全国共通の最低賃金はありません。かわりに労使間の団体交渉を基本として決められる、業種別の最低賃金があります。この交渉では、人材育成のトレーニングもセットで交渉されます（このトレーニングを、ＯＥＣＤの用語では「職業教育及び訓練（Vocational Education & Training)」、略してＶＥＴと呼びます）。このことが、デンマークの高生産性・高所得経済の秘訣として分析されています。

デンマークでは企業の研修が充実しているだけではなく、政府自体もＯＥＣＤ加盟国の中で、もっとも人材育成のトレーニング（ＶＥＴ）に投資しています。ＶＥＴの中身を労使間で話し合い、トレーニング内容を常に充実させている例が多いと言われています。そのためＶＥＴに対する評価が高く、信頼感も高いのだそうです。

実は、ニュージーランドもデンマークと同じような政策を導入しているのですが、生産性向上への効果は確認されていません。この分析では、その要因はＶＥＴの違いで説明できるとしています。

デンマークモデルは人材育成の成功事例としてよく紹介されますが、デンマークは規模の小さい企業で働いている労働人口の比率がかなり低いことも指摘しておきます。

人的資本形成支援策

最低賃金の引き上げはショック療法として、経済を変えるきっかけにはなります。

しかし、ニュージーランドの例が示すように、それだけでは十分ではありません。最低賃金引き上げのショック効果を生産性の向上につなげていくためには、デンマークのようにトレーニングの充実による経営者の意識改革、企業のあり方の変更、労働者のスキルアップなどが、同時に不可欠です。

第6章に紹介したイギリス政府の分析結果にもあったように、社員教育によるスキルアップと生産性向上の相関係数は0・66ですから、きわめて大事な要素です。

イギリス政府の別の報告書「Future of Skills and Lifelong Learning」には、直近の数十年間では、生産性向上の2割は人的資本形成によって説明ができるとあります。

また、ドイツの分析「The Impact of Training Intensity on Establishment Productivity」では、トレーニングを受けている社員の比率を1%上げると、次の3年間で生産性が0・76%上がると分析しています。

図表7-4　研修参加率と生産性の関係

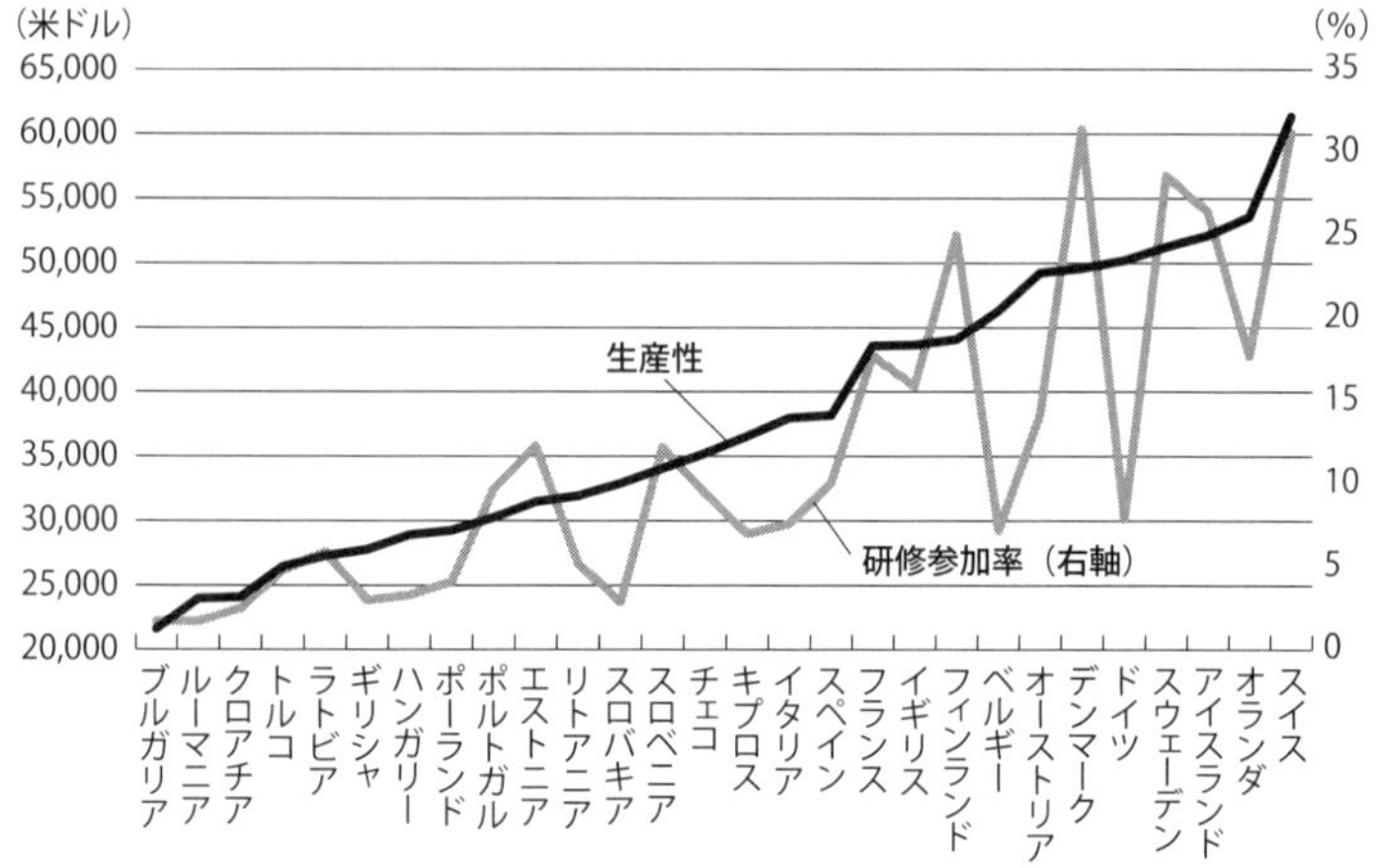

注：研修参加率とは、就労人口に占める研修に参加している25〜64歳の比率
出所：Eurostatのデータ（2014年）より筆者作成

先に紹介したデンマークなどの生産性の高い欧州の国の大半は、人材育成のトレーニングを実施している比率が非常に高いです。逆に生産性の低いギリシャなどの国では、トレーニングの実施率が低くなるという、明確な違いがあります（図表7-4）。

EUの人材育成トレーニングの参加率と生産性の相関係数は0・5ですが、アイルランドとルクセンブルクを除くと0・77となります。この2カ国を除く理由は、両国とも人口が少なく、海外の労働者や外資系企業のアウトソーシングが多いなどの特殊要因があり、異常値が出ているからです。

最低賃金を引き上げるならトレーニングが不可欠

最低賃金の引き上げを正当化するには、それに見合うだけの人材のスキルアップが必要です。その観点からも、人的資本形成のためのトレーニングが不可欠だということは、感覚的にもご理解いただけるでしょう。

特に、人類の知識の発展によって生み出された新しい技術をフルに活用するためには、企業のあり方、組織なども変えていかなくてはいけません。これには経営者が深く関与する必要があります。

経営者は新しい技術を理解するだけではなく、その技術を活かすために規則をどう変えるべきか、組織や仕事のやり方をどう変えるべきかを考える必要があります。経営における問題点をしっかりと把握し、対処するのです。働き方改革ではなく、「技術の活かし方改革」こそ、経営者の使命なのです。

すでに説明したとおり、日本の生産性を上げるために問題となるのは、人でも設備でもありません。日本の場合、問題は全要素生産性にあります。人と設備の組み合わせ方、活かし方に問題があるのです。これはデザイン、発想転換、クリエイティビティの問題ですから、労働者ではなく経営者の領域です。

その上で、その技術を実際に使う労働者は、その技術の使い方を理解する必要があります。もちろん、そのための教育やトレーニングも不可欠です。

『新・所得倍増論』にも書きましたが、１９９０年代に入ってから今までの日本の生産性向上率は世界第１２６位ときわめて低く、生産性のランキングは世界第10位から第28位まで低下しました。

日本の生産性自体が下がっているわけではないのですが、他の先進国ほど伸びていないために順位が下がったのです。

日本の生産性が他国に比べて伸びなかったのには、明確な理由があります。

ニューヨーク連銀の分析によると、新しい技術を導入したアメリカでは、労働者がやっていた従来の仕事を機械化したのではなく、新しい技術の効果を最大限に引き出すために、組織と仕事のやり方を技術に合わせて抜本的に変えました。一方、日本では、技術は導入したものの、従来の仕事のやり方や組織など、企業基盤全体は変わらなかった。これが、両国の生産性の伸び率が大きく開いた原因だとされています。まさに、全要素生産性の違いです。

せっかく新しい技術を導入しても、まったく生産性の向上につなげられていない例を1つご紹介します。ある大手銀行での話です。

この銀行では、海外出張をするにあたって、事前に届けを出す必要がありました。申請書類はパソコンで作られて、メールで添付ファイルとして送られてきます。この添付ファイルをいったん印刷して、印鑑を押します。その印鑑を押した実物の書類を今度はスキャンし、PDFにして次の人にメールします。受け取った人が印刷して、また捺印、さらにスキャンしてと、この工程が何人もの間で続くのです。

まるで技術革新をバカにしているような、無駄な手間ばかりがかかる流れです。しかし、こういう非効率なことは、日本の企業の中にはいまだに数多く残っています。そうでなければ、こんなに生産性が低いはずがないのです。

今の話を、特殊な例のように思われた方もいらっしゃるかと思います。しかし、最大の雇用者である行政をはじめ、同じように何のために技術を導入したのかわからない、旧態依然たる仕事の仕方を頑なに続けている例が、日本中のいたるところに転がっています。

要するに、日本は子どもの教育はすばらしいのですが、成人してからの教育がきわめて貧弱なのです。

人材育成トレーニングは任意でいいのか、強制すべきか

この本を書いていて再認識したことがあります。

最低賃金を上げるのも、人材育成トレーニングをするのも、企業数を減らすのも、技術革新をするのも、1つひとつに何か劇的に物事を好転させる力があるわけではありません。これらのいくつかの歯車を同時に用意して、連鎖的に回したときに初めて、効果が発揮されるのです。

海外では、人材育成のトレーニングに関してさまざまな取り組みが行われています。その経験から、人材育成トレーニングの導入を考える際に大事なポイントは、それを任意にするか、強制にするかだということがわかっています。

強制型のトレーニングの例として、2017年に導入されたイギリスのケースをご紹介しましょう。

すでに説明したように、イギリスは最低賃金を政策的に引き上げて、高生産性・高所得経済への移行を目指しています。生産性はある程度は向上しましたが、英国銀行もイギリスの生産性がまだ十分に反応していないことを「謎」としており、次の手を打っています。

そこで、デンマークなど成功している国の例を分析し、イギリスでは「apprenticeship levy」という、職業実習賦課金制度を2017年から始めました。

この制度の対象は、年間の人件費が300万ポンド以上の企業です。社員のトレーニングのために、「年間の人件費の0・5％」から1万5000ポンドを引いた金額を徴収するという、ある種の税金を各企業に毎年課しています。

企業ごとに口座が設けられて、賦課金を納めてから2年以内に人材育成トレーニングを実施すると、そのコストの分だけ払い戻してもらえる仕組みになっています。企業が納めた金額に、国が1割を足します。

この制度では、自社内のトレーニングだけでなく、国が認定する養成教育機関を利用したトレーニングも、払い戻しの対象となります。

口座の金額以上に人材育成トレーニングのコストがかかった場合、自ら納めた賦課金を超える分に関しては、企業が1割、国が9割を負担することとなっています。2年以内に使わない分に関しては、国が没収します。国から供出された1割も同様です。

年間の人件費が300万ポンド以下の企業の場合は、人材育成トレーニングのコストの1割を企業が負担し、残り9割は国が払うことになっています。

実は、イギリスでも2017年まで、これとは別に企業に対する人材育成トレーニング費用の補助は行われていましたが、それには年齢制限がありました。一方、今回導入された新制度では、高齢化の流れを考慮して、トレーニング対象者の年齢制限が外されました。ここが従前の制度と大きく異なる点で、きわめて大事なポイントです。

新しい制度は導入されたばかりで、さまざまな問題も起きていますが、試みとしては非常に興味深いと思います。

強制しないと「タダ乗り」が生まれる

イギリスがこの制度を全企業対象に導入したのは、生産性向上に国が大きくコミットしていることの証拠だと思います。そしてもう1つ、全企業対象とすることで、一部企業のタダ乗りの問題を未然に防ぐことができることも、重要なポイントです。

仮に全企業対象ではなく、希望する企業だけを対象とした任意の制度にすると、制度を悪用してタダ乗りする企業が出てくる危険が生じます。この制度にタダ乗りするには、2つの方法が考えられます。

1つは、価格競争です。この制度を導入し、積極的に人材育成を行う企業には、その分のコストがかかります。一方、人材育成を行わず、コストをかけない企業は、実施している企業に比べて、研修していない分だけ価格競争力が高まります。研修を手厚くする良心的な企業ほど、自分のクビを絞めることになりかねません。

この結果起きるのは価格競争なので、Low road capitalismの構造を引きずることになり、High road capitalismへの足を引っ張ることになります。

もう1つのタダ乗りの方法は、自社では人材育成を行わない企業が、積極的に人材育成を行っている企業から人材をスカウトする方法です。そうすることによって、よその会社が一所懸命トレーニングした人材をタダで手に入れることができます。

これらのタダ乗りを防ぐために、イギリスはこの制度を全社対象にする必要があったのです。

強制しないと格差が広がる

人材育成トレーニングに関しては、任意の色が濃くなればなるほど、「やる人はやるけれど、やらない人はまったくやらない」という大きな偏重が見られるようになります。特に、アメリカや欧州の生涯学習や人材育成トレーニング制度の現状を見ると、またしても普及率が問題として浮上してきます。

「Lifelong Learning and Technology」の説明によると、アメリカでは成人の74％が個人的な興味や趣味の生涯学習に参加しています。一方、労働者の65％、すなわち成人の36％は、仕事関係のトレーニングにも参加しています。

しかし、仕事関係のトレーニングの場合、年収7・5万ドル以上の人の参加率が69％なのに対し、3万ドル以下の人の参加率は49％と低くなっています。同じように、大卒以上では参加率が72％ですが、高卒以下では49％と差が開いています。また、行政機関勤務者は83％の参加率ですが、零細企業に勤務する労働者の参加率は50％にとどまっています。

このデータから読み取れるのは、生産性の高い層はトレーニングを受けることにより、さらに生産性が高くなる一方、生産性の低い層はトレーニングを受ける率が低いため、生産性が上がらず、高い層とより生産性に差が出る。つまり、トレーニングを任意にすると、格差が広がりやすい傾向がより著しくなるのです。

イギリスの「Future of Skills and Lifelong Learning」には、2015年に22％の成人が生涯

学習に参加していたとあります。しかしアメリカと同じように、労働者のうち低所得者の参加率は55％と低く、高所得者の84％と差が開いています。

このことにも関連しますが、全社を対象としないと、たとえ人材育成トレーニング制度を導入しても、参加しない企業が出るのは確実です。もしも大半の企業が参加しないことにでもなったら、国全体の生産性は上がりません。一部の企業だけが政策に賛同し、言われたとおりにやったとしても、大多数がやらないのであれば、当然ですが政策効果はかぎられてしまいます。革新的技術の普及の問題と同じです。

イギリスが任意ではなく強制を選んだのは、全企業に参加させることが大きな目的だったと考えられます。

人材育成トレーニングと高齢化社会

人材育成トレーニングは生産性向上に大きな役割が期待されます。しかし海外の事例を見ると、日本にとって非常に気になる傾向が確認できます。それは人材育成トレーニングに参加する人が、若い人に偏っているということです。

新しいVET制度導入前のイギリスのデータを見ると、35歳を超えると、男性は人材育成ト

図表7-5　イギリスのジョブ・トレーニング受講状況

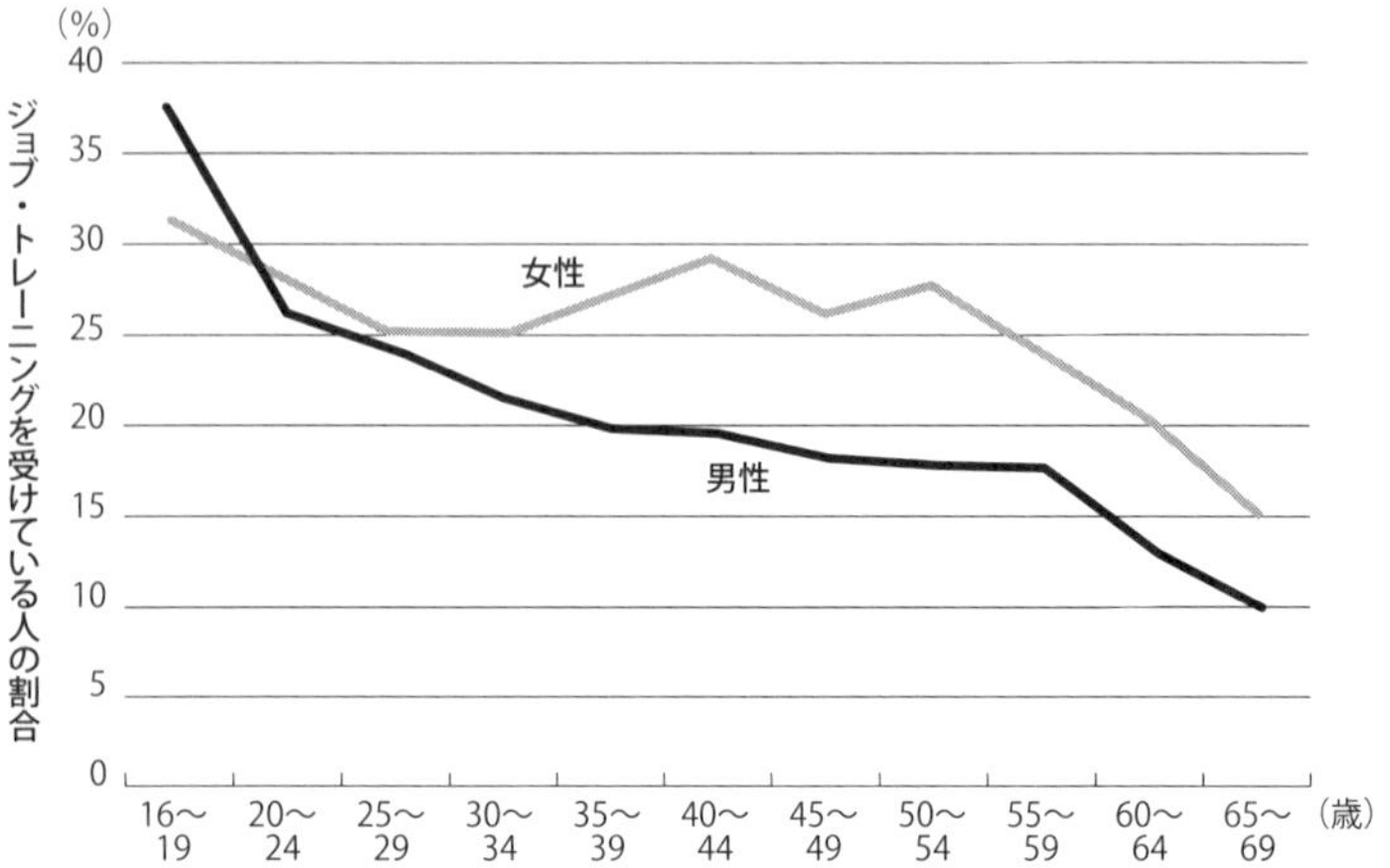

注：2017年第1四半期において、過去3カ月以内にジョブ・トレーニングを受けた人の割合を示している
出所：イギリス政府

レーニングの参加率が大きく下がります。特に、55歳以上になると男女とも参加率がグンと低下します（図表7-5）。

この傾向は今までの人口動態の名残と、会社のあり方が大きく影響しているものと考えられます。

若い人は会社に入社すると、学校を卒業するまでに学んだことをベースに仕事を進めます。一方で、彼らはそれぞれの会社に合った、いわゆる会社人間になることが求められます。会社は彼らに対し、そのための基礎的なスキルを教育する必要があります。

何十年も前の昔の会社であれば、終身雇用の下、若いころに取得したスキルで定年まで働けた——というのは極端かもしれませんが、単純化された仕事を何も変えずに続けていけば、それもまったく不可能ではなかったと思います。

新しい考え方やアイデアは従来、学校を卒業して入ってくる若い世代が会社に持ち込み、それによってさまざまな場面で新陳代謝が起きていました。社員の中で若い人が占める割合が高かったときは、それだけで刺激があったことでしょう。

しかし、これから先はどうでしょうか。少子高齢化社会では、若い世代を従業員として確保するのはどんどん難しくなります。つまり、新しい考え方の人がなかなか入ってこない、または入ってきたとしても少数派にとどまる状態になるのです。

また、寿命が延びることによって、旧来の仕事のやり方や古臭いカルチャー・制度のもとで教育を受け、その恩恵を享受し続けて生きてきた人たちの割合がさらに高くなります。すると、自分たちのやっていることや、自分たちの組織のあり方に鈍感になり、疑問を持たなくなります。また、過去の成功体験があればあるほど、自ら変わることをおっくうがるようにもなります。何かを変えるためには、自分も学習しなければいけないので、変えないことを選ぶようになります。

こうなると、組織は完全に硬直化します。

余談になりますが、高度成長時代に日本が輝いていた大きな理由の1つは、若い人がたくさんいたことだというのが私の持論です。怖いもの知らずで、古い組織体にこだわりのない若い人の比率がきわめて高く、社員の平均年齢が驚くほど低かったことが、奇跡と呼ばれる成長を導いたのではないでしょうか。

日本は世界一VETが必要な国

ＩＭＦがまとめた「The Impact of Workforce Aging on European Productivity」では、55歳から64歳までの人口が生産年齢人口に占める割合が増えれば増えるほど、全要素生産性は大きく低下するという分析結果を発表しています。

欧州では、２０１４年から２０３５年までの間に、この年齢層の人口が増えることで、たとえば全要素生産性が年率１％向上するところ、０・８％まで下がる（20％の悪影響）とあります。日本ほどではないにせよ人口が減少し、同時に少子高齢化の影響が大きい国（ギリシャ、イタリア、スペインなど）の場合、全要素生産性のなんと6割の減少要因となるとも推測されています。

日本は先進国の中でもっとも大きい人口減少と、きわめて深刻な少子高齢化を控えている国なので、今まで以上にその悪影響を受けることになります。ですので、どの先進国より人材育

図表7-6　人材投資／GDP比の国際比較

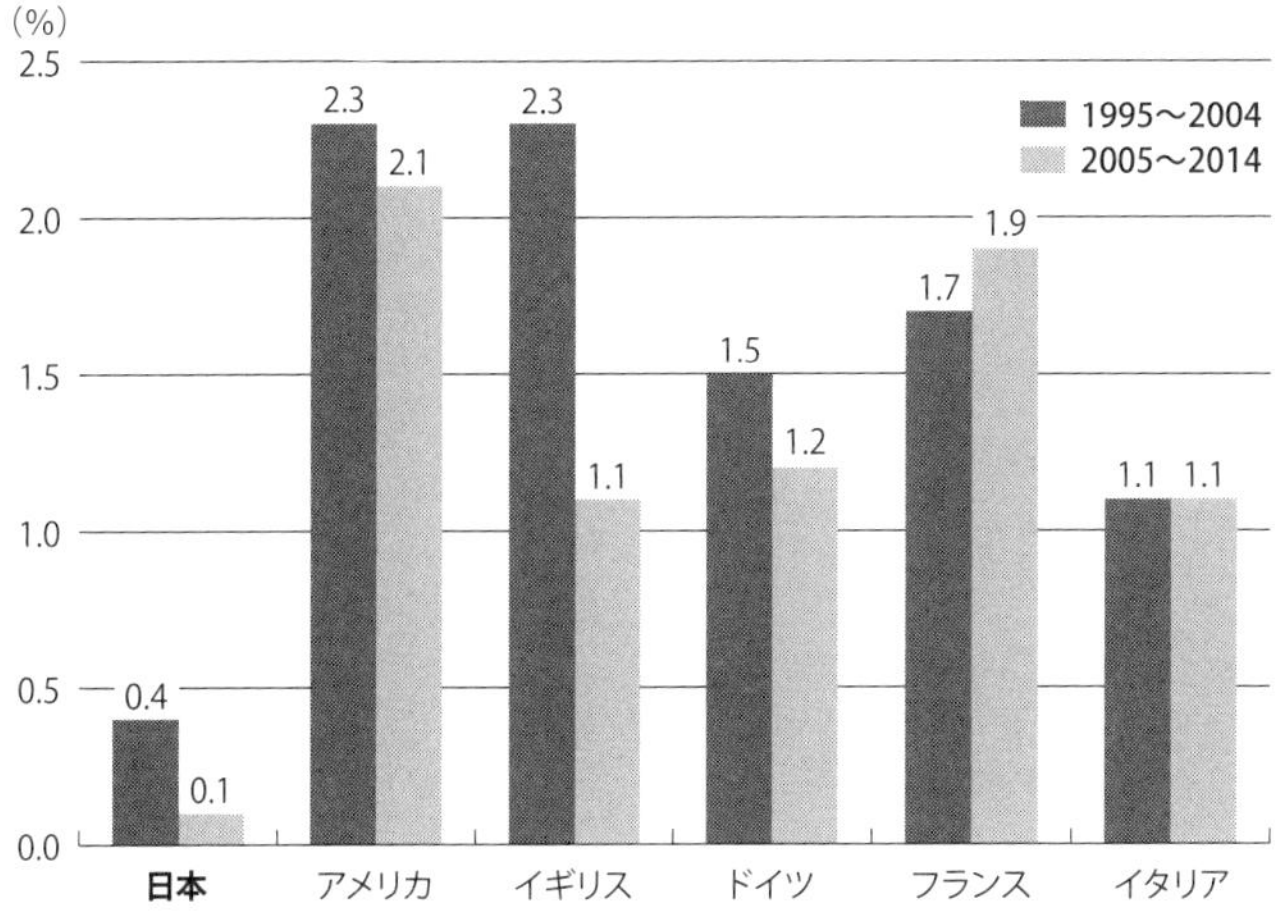

出所：国民経済計算、JIPデータベース2015（一部宮川簡易推計）及びINTAN-Invest dataにより学習院大学宮川教授作成

成トレーニングと生涯学習に投資をしないといけないのです。同時に、トレーニングや教育の内容も、どの国よりも仕事に有益なものに変えなくてはいけないのです。

では、日本の人材育成トレーニングの現状はどうなのでしょうか。日本生産性本部は、「日本の人材育成投資は、1990年代前半は約2・5兆円前後あったものが、年々減り続けており、2010年以降は約0・5兆円とピーク時の2割程度と低迷している。欧米諸国と比較しても、GDPに占める人材投資は著しく低い」と分析しています（図表7-6）。

たとえば、OECDのデータを使った

フィンランドと日本の生涯通学率を見ると、日本では25歳以上はほとんど学校に通っていません。

高知工科大学がまとめた論文「日本における生涯学習の現状と課題」では、25歳以上の通学率は日本ではわずか2・0％ですが、OECDの平均は21・1％であると記載されています。また、現状、日本の生涯学習の多くは、茶道や将棋、カラオケ教室など趣味を中心としたものが多いと言われています。

「はじめに」でも書きましたが、今の日本では「教育＝22歳までに受けるもの」という発想が圧倒的な主流です。これは、国民の55％が24歳以下だった1950年代のなごりでしょう。

しかし2030年には、国民の約82％が25歳以上になります。「子どもの教育をどうするか」という議論が盛んですが、課題そのものを間違えていると感じます。

高齢化が進めば進むほど、人生の初期に受けた教育だけでは十分ではなくなり、生産性の向上が難しくなります。だからこそ、イギリスでは年齢に関係なくトレーニングを受けられる制度を導入したのです。

イギリスのこの制度には、もう1つメリットがあります。それは、会社に在籍しながら再教育を受けられるということです。この制度は、会社を辞めたら使えなくなります。通学したければ会社を辞めるか夜間学校に通うしかないという弊害が、この制度によって解決されました。

経営者教育が不可欠

生涯学習を充実させて、労働者が技術革新に対応できるように教育されたとしても、そのスキルを使って活躍させる場がなくては、宝の持ち腐れになってしまいます。労働者に適切な役割を与えられるようにするためには、経営者の質も上げなくてはいけません。そのためにも、やはり教育・トレーニングが不可欠です。

労働者の教育と一緒に経営者の教育も行わないと、成果につながらず、結局、無駄に終わってしまいかねません。しかも、経営者には、できるだけ具体的に組織をどう変えるべきかを決めてもらう必要があります。ここで言う経営者は主に、中小企業の経営者を指します。

社長たちが学ぶべきなのは、技術革新の知識と、それを使うためのメタスキルです。自社の課題にも応用可能な問題解決方法やビジネスモデルの分析などです。

「その程度は自分にもできる」と社長たちは言うかもしれません。しかし、日本の生産性の低さが、日本に数多くある零細企業と中小企業の経営者の経営能力の低さを雄弁に物語っています。彼らは、この事実をもっとしっかり認識するべきなのです。

海外の研究でも明らかにされているように、企業の規模が小さくなればなるほど、経営者の質が下がる傾向があります。マーケットが細分化され、小さい企業がひしめき合っている日本の場合、経営者の質は推して知るべしです。

実際問題、日本の経営者の質が高く、品質管理能力などだけではなく、優れたメタスキルを併せ持っていたとしたら、失われた20年などなかったはずです。

World Economic Forumの分析によると、日本は健康と基礎教育のランキングが第7位と高く評価されています。しかし、高等教育以上のランキングは第23位と大きく下がります。実は世界的に見ると、生産性との相関係数がもっとも高いのは、この高等教育以上です。日本のランキングの中で特に目立つのは、マネジメント・スクールのランキングが第59位とかなり低いことです。

グローバル化により、技術革新のスピードがどんどん早くなっているので、経営者が会社の中身を機敏に変化させる必要性が高くなっています。しかし、日本の経営者の機敏性は、世界63カ国中57位です。

ＩＴの進歩によるビッグデータなどの活用も含めて、調査分析の手法が高度化し、科学的に経営ができるようになっています。にもかかわらず、経験と勘と度胸をいまだに重んじている経営者が多いのが日本の特徴です。だから、分析能力は63カ国中59位、有能な経営者の割合は第58位、経営教育は第53位と、惨憺《さんたん》たる評価を受けているのです。

国の将来を背負っている経営者の教育は、日本にとってもっとも重要な課題の１つなのです。

日本も再教育改革を

真剣に高生産性・高所得経済への移行を目指すならば、高齢者大国の日本には本格的な成人の再教育制度が不可欠です。それも生半可なものではなく、世界が驚くほどの高い質を担保した制度が求められます。

今後、日本では子どもの数が減るので、大学のキャパシティが過剰になります。一部はアジアの学生を受け入れることで過剰分を埋めることが可能かもしれませんが、すべてを埋めることは到底不可能です。

だとすれば、過剰になった大学のキャパシティを使って、高齢化するビジネスパーソンの再教育を積極的に行うべきです。これはかなり理にかなった使い方だと思います。

人々の寿命が短い時代には、社会を支えるために多くの子どもが必要でした。しかし寿命が短いので、若いときにその後の人生に必要なスキルを学ぶだけでも十分でした。

一方、寿命が長くなると、寿命が短かったころに比べ、それほど多くの子どもはいらなくなります。それにともない、新しい命による新陳代謝のスピードは鈍化します。となると、1人の人の人生の中での新陳代謝が求められます。

たとえば、18歳まで教育を受け、40歳で亡くなるとすれば、教育で受けた知識や知見はこの人の人生の後半の22年間だけ使われ、新しい知識や知見は次の世代によりもたらされていました。

一方、18歳まで教育を受け、65歳まで働くとすると、教育により培われた知識や知見は47年間も使われることになります。当然、かなり時代遅れになることでしょう。

日本では、定年の延長や定年後の再雇用を企業に促し、なるべく年金の支給時期を後ろ倒しにしても大丈夫な社会にしようという力が働いています。もし本当に65歳の定年をやめるのであれば、なおさら再教育が必要になります。

国の観光戦略の立案に関わっているので、日頃からよく感じるのですが、日本の大学は若い人の育成にチャレンジをしている一方、成人した人のための教育はほとんど何もやっていません。

観光教育ならば、成人に対してマーケティングの基本を教えたり、宿泊施設の再生などにも大きく貢献できるポテンシャルが、大学にはあります。しかし、日本の大学は旧来のスタンスを変えることなく、子どもを育てることのみにしか力を発揮していないように見えます。

日本では「子どもの教育を変えて、クリエイティビティ、思考能力、個性を磨くべき」という意見を聞くことが多いです。しかしこれは、寿命が短く、人口の大半を子どもが占めていたため、教育は子どもを対象としていればよかった時代のパラダイムに縛られた考え方ではないでしょうか。

子どもの教育ももちろん大切ですが、その新しい教育を受けた子どもが社会に出て、新しい時代をつくってくれるのを待っていては、日本はもちません。いまの子どもの数と高齢化を考えると、新しい教育を受けた子どもが社会の過半数を占めるには、何十年もかかってしまうからです。

一度学校を卒業し、社会に出た人が人口の4分の3を占める時代が訪れます。このパラダイムシフトに対応するためには、教育の基本的な対象は大人だという、新たなパラダイムを受け入れる必要があります。それができなければ、日本は永遠に発展しづらい国になるでしょう。

すでに説明したように、高生産性・高所得経済に移行するためには、政策が包括的でなければうまくいきません。すべてのパーツを同時に導入して、動かさないといけないのです。新しい技術、新しい企業のあり方、労働者のスキルアップ、そして高所得を実現するために必要な経営者のスキルアップを後押しする制度が不可欠なのです。

参考文献

Carl Magnus Bjuggren, "Employment Protection and Labor Productivity," *Journal of Public Economics,* Vol.157, January 2018.

Colm McLaughlin, "The Productivity-Enhancing Impacts of the Minimum Wage: Lessons from Denmark, New Zealand and Ireland," Centre for Business Research, University of Cambridge Working Paper No.342, June 2007.

Shekhar Aiyar, Christian Ebeke, and Xiaobo Shao, "The Impact of Workforce Aging on European Productivity," IMF Working Paper, No.16/238, December 8, 2016.

National Academies Press, *Aging and the Macroeconomy: Long-Term Implications of an Older Population,* Chapter6: Aging, Productivity and Innovation, National Academies Press, 2012.

"Future of Skills and Lifelong Learning," UK Government Office for Science, November 27, 2017.

"Future of an Ageing Population," UK Government Office for Science, July 7, 2016.

"Sectoral Training Funds in Europe," European Centre for the Development of Vocational Training, Cedefop Panorama Series, No.156, 2008.

Mary O'Mahony, "Human Capital Formation and Continuous Training: Evidence for EU Countries," *Review of Income and Wealth*, Vol.58, No.3, 2012.

Matteo Picchio, "Is training Effective for Older Workers?" IZA World of Labor, January 2015.

Thomas Zwick, "The Impact of Training Intensity on Establishment Productivity," *Journal of Economy and Society*, Vol.45, No.1, 2006.

John B. Horrigan, "Lifelong Learning and Technology," Pew Research Center, March 22, 2016.

"Three Things Employers Need to Know About: Training and Development for Workers 50+," The Sloan Center on Aging & Work at Boston College, 2016.

Kathrin Hoeckel, "Costs and Benefits in Vocational Education and Training," OECD, 2008.

おわりに

日本は世界一の人口減少・高齢化社会になりつつあります。どの先進国より早く、かつ大きく人口が減少し、高齢化が進みます。それを考えると、本来は世界から数多くの専門家が訪れ、日本が取り入れている最先端の政策を研究しているはずです。

日本の大学も、たとえば人口減少と金融政策、高齢化と生産性、高齢化と教育のあり方などに関して、世界最先端の研究を発表しているはずです。先進各国が競い合ってそれらの研究を学び、自国の将来にどう適用するべきかを模索しているはずです。

しかし、実際に議論されている政策は、消費税を10％にする、外国人の労働者を受け入れる、企業の後継者を探す、量的緩和、ゼロ金利、財政健全化などです。今まで通りの常識的な政策をどう調整するかに終始しています。現行の経済モデルを微調整しようとしているだけの印象です。これでは、他の先進各国の模範にはなり得ません。

世界が息を呑むような人口減少・高齢化の波が押し寄せようとしているのに、世界が息を呑むほどの政策ではなく、きわめて「平凡」な政策に囚われている。そこには、最先端を進まざるを得ないという覚悟は、微塵も感じられません。

人口増加というパラダイムから人口減少・高齢化というパラダイムにシフトしているにもかかわらず、エコノミストたちはそれに対応できていません。「今の日本経済の問題はデフレの結果だから、量的緩和をすれば日本経済は回復する」という、きわめて視野の狭い提案に終始しています。

人口が増加するというパラダイムの下につくられた経済システムで、人口減少・高齢化という別次元のパラダイムに対応できるはずもありません。従来の制度を根本から考え直して、つくり直すしかないのです。

年金制度、消費税、国の借金という日本人が抱える諸問題は、そもそも日本人の所得が低いことに由来しています。ですから、年金の受給年齢を引き上げる、消費税を10％にする、国の借金を減らすなどは、本質的な対策ではありません。一刻も早く別次元の対策を打たないと、間に合いません。

もちろん、きちんと分析すれば、日本が実行すべき政策はきわめて明確に見えてきます。

まずは所得を継続的に上げることです。その結果、生産性が上がります。それには企業の規模を大きくする必要がある。それによって輸出もできるようになる。技術の普及も進む。所得が増えるから、税収が増える。株価も上がる。財政が健全化する。要するに、今の悪循環を好循環に変えることができるのです。

深く考えれば、所得を上げる重要性は誰にでもわかります。しかし経営者が自己中心的に、短期的に考えれば、そう簡単に所得を向上させることはあり得ません。所得向上を実現するために必要不可欠な企業の規模拡大も、自ら進んで実行するとは思えません。長い目で見れば自分のためにもなるにもかかわらずです。

その典型的な例は「人手不足」という言い方です。先進国では、「人手不足」という概念はありません。これは戦後とともに終わった概念です。

日本の「人手不足」はあくまでも、「人を安く使うという今までの経済システムを維持したい」という前提のもとで、日本人の数が減るから人が足りなくなると言っているだけです。平凡な固定観念に囚われている考え方で、ある意味で幼稚で馬鹿げた理屈です。

人が足りないのなら、人をより効果的に使う仕組みを作ればいいのです。これもある種のパラダイムシフトです。

これまでの常識に囚われた経営者たちを変えるには、やはり政府が動き出すしかありません。政府は新しいパラダイムにふさわしい経済システムを作り出す必要があります。そのためには、日本全国津々浦々、すべての日本企業、経営者、労働者を動かす「要石《かなめいし》」を見つけ出さないといけません。

私は、その「要石」こそ、最低賃金の継続的な引き上げだという結論に至りました。この政策を実現しないことには、日本経済が好循環に移行することはあり得ません。

日本の人材と社会制度はきわめて優れています。ですから、日本の潜在能力をもってすれば、人口減少・高齢化に対応できるということに疑いの余地はありません。

しかし、その潜在能力を発揮するには、経済システムのパラダイムを改革しないといけません。改革が嫌だということならば、日本という国は破綻への道を歩んでいくしかないのです。人口減少・高齢化の影響はあまりにも大きく、避けて通ることはできません。今改革から逃げても、いずれ必ず、改革をすることになります。

今ならまだ、日本人には「勝算」があります。政府、そしてすべての日本人がこの「日本人の勝算」に気づき、行動を開始することを願ってやみません。

【著者紹介】

デービッド・アトキンソン
小西美術工藝社社長。1965年イギリス生まれ。日本在住30年。オックスフォード大学「日本学」専攻。裏千家茶名「宗真」拝受。

1992年ゴールドマン・サックス入社。金融調査室長として日本の不良債権の実態を暴くレポートを発表し、注目を集める。2006年に共同出資者となるが、マネーゲームを達観するに至り2007年に退社。2009年創立300年余りの国宝・重要文化財の補修を手掛ける小西美術工藝社に入社、2011年同社会長兼社長に就任。2017年から日本政府観光局特別顧問を務める。

『デービッド・アトキンソン 新・観光立国論』(山本七平賞、不動産協会賞受賞)『新・所得倍増論』『新・生産性立国論』(いずれも東洋経済新報社)など著書多数。2016年に『財界』「経営者賞」、2017年に「日英協会賞」受賞。

日本人の勝算
人口減少×高齢化×資本主義

2019年1月24日　第1刷発行
2019年2月26日　第3刷発行

著　者――デービッド・アトキンソン
発行者――駒橋憲一
発行所――東洋経済新報社
〒103-8345　東京都中央区日本橋本石町 1-2-1
電話＝東洋経済コールセンター　03(5605)7021
https://toyokeizai.net/

装　丁…………橋爪朋世
D T P…………アイランドコレクション
印　刷…………東港出版印刷
製　本…………積信堂
編集協力………小関敦之
編集担当………桑原哲也
 Printed in Japan　ISBN 978-4-492-39646-9